발표하고, 회의하고, 토론하고, 연설하는 아이들

서툴러도 괜찮아, 또박 또박 네 생각을 말해 봐

이기규 글
임미란 그림

그린북

지은이의 말

나도 말하기를
잘할 수 있다!

"선생님, 발표는 꼭 해야 해요?"
"조사한 걸 그냥 그대로 읽기만 해도 되죠?"

조사 발표 시간이 되면 교실 안 아이들의 얼굴엔 긴장이 가득합니다. 몇몇 아이들은 똑 부러진 목소리로 잘 발표하지만, 아이들 대부분은 발표하기를 너무 어렵게 생각합니다.

발표뿐만이 아닙니다. 회의하고 토론하며 문제를 해결하는 일에 적극적으로 나서려는 아이들은 많지 않습니다. 제가 아이들에게 항상 실수해도 되니, 편하게 이야기하면 된다고 말해 주지만 여전히 발표, 토의, 토론, 연설 같은 '공식적인 말하기'는 아이들에게 하고 싶지 않은 일 중 하나입니다.

이 책을 쓰게 된 것은 '아이들에게 공식적인 말하기를 할 수 있는 방법을 알려 주고 싶다.'라는 생각이 들었기 때문입니다. 화려한 말솜씨로 뽐내는 방법이 아닌 자기 생각을 다른 사람에게 제대로 전달하는 방법을 알게 되면 우리 아이들이 가지고 있는 대견하고 소중한 생각들을 다른 친구들과 어른들도 더 잘 알 수 있게 될 테니까요.

이 글을 쓰는 저도 어렸을 때는 다른 사람 앞에 나서서 말을 하는 것조차 부끄러워하는 매우 소심한 아이였습니다. 그래서 말하기를 어려워하는 아이들의 마음을 너무나 잘 알고 있습니다. 그런 제가 어떻게 말하기에 대해 자신감이 생기게 되었을까요? 그것은 바로 '말하기는 내가 할 수 있는 일이 아니야!'라며 쉽게 포기하지 않고 '차근차근 말하기 실력을 기르기 위해 노력하면 나도 말을 잘할 수 있을 거야!'라고 믿었기 때문이에요.

그 덕분에 저는 수백 명 앞에서 연설하는 것도 어렵지 않을 정도로 말하기 실력이 늘 수 있었어요. 그리고 말하기는 하기 싫고 어려운 일이 아니라, 내 생각을 다른 사람에게 전하고 다른 사람의 생각을 듣는 데, 매우 중요한 수단이라는 사실을 깨닫게 되었어요. 그 과정에서 제 마음도 더 깊어지고 넓어질 수 있었지요.

저는 이 책을 통해 여러분들이 '공식적인 말하기'의 실력을 차근차근 늘리는 계기가 되길 바랍니다. 그리고 이 책의 주인공인 나은이, 현우, 소미처럼 여러분들의 멋진 생각을 사람들에게 잘 전달하고 사람들의 이야기에도 귀 기울일 수 있는 더 좋은 사람으로 성장하길 바랍니다.

여러분의 떡볶이 삼촌이 되고 싶은 이기규

차례

지은이의 말　나도 말하기를 잘할 수 있다!　　　2
들어가는 이야기　글쓰기 짱! 말하기 꽝?　　　6

학교에서 '활약'하는 말하기
발표

떡볶이 삼촌에게 물어봐?　　　12
공식적 말하기가 뭐야?　　　17
말하기에도 준비가 필요해　　　24
목소리만 잘 내도 말하기 절반은 성공!　　　32
말하기 자신감은 어떻게 키워?　　　46
발표의 목적 – 이해와 설득　　　52
나은이 발표를 하다　　　62

'모두의 참여와 노력'이 필요한 말하기
회의

회의는 정말 어려워　　　70
회의의 목적 – 의견 수렴을 통한 문제 해결　　　75

회의 진행자의 역할?	84
현우, 새로운 회의를 시작하다	94

'바른 말과 형식'으로 멋지게 설득하기
토론

소미, 고민이 생기다	102
토론의 목적 – 나와 생각이 다른 사람들과 함께 문제 해결하기	107
토론, 어떻게 하면 잘 설득할까?	114
소미, 토론에서 진짜 승리를 얻다	122

'마음'을 담아 힘차게 말하기
연설

진심을 전하는 말하기	130
연설, 어떻게 준비할까?	138
맺는 이야기 말하기, 좋은 사람이 되어 가는 과정	146

🗨 들어가는 이야기

글쓰기 짱!
말하기 꽝?

"소미야, 제발!"

나은이가 울 것 같은 얼굴로 소미의 팔을 붙잡았다. 하지만 소미는 고개를 저었다.

"가위바위보로 이미 정했잖아. 그러니까 이번 발표는 네 차례야."

소미의 표정은 단호했다.

"이번 한 번만 봐줘, 응? 나 대신 발표만 해 주면 네가 하라는 건 뭐든 다 할게. 응? 응? 소미야, 제발!"

딱 부러지는 성격의 소미가 한 번 안 된다고 하면 어떤 말을 해도 소용없다는 걸 잘 알고 있는 나은이였지만 나은이는 소미의 팔을 놓지 않았다.

"쟤 성격 너도 잘 알잖아. 나은아, 네가 포기해. 그리고 난 발표 절대 안 해. 나 먼저 간다!"

같은 모둠원인 태민이가 책가방을 챙기며 재빨리 자리에서 일어났다. 나은이가 채 붙잡기도 전에 태민이는 이미 사라지고 없었다.

"나은아, 너무 걱정하지 마. 발표 자료 잘 읽기만 하면 되는데 뭘. 넌 글도 잘 쓰니까 나보다 더 잘할 수 있을 거야."

현우의 위로에도 나은이는 여전히 울상이었다.

"나 정말 자신 없어. 앞에만 나가면 아무것도 생각이 안 난단 말이야."

나은이가 고개를 푹 숙였다.

'누가 대신 발표해 주면 얼마나 좋을까?'

나은이에게 있어 글쓰기는 누구보다도 자신 있는 일이었다. 학교에서 열리는 글쓰기 대회뿐 아니라 전국의 초등학생을 대상으로 하는 글쓰기 대회까지 상이란 상은 모두 받아 글쓰기 짱이라는 별명까지 얻게 된 나은이니까 말이다. 하지만 말하기는 영 꽝이었다.

친구들하고 이야기하는 건 잘하는데 사람들 앞에서 발표하는 건 도무지 익숙해지질 않았다. 수많은 사람이 자신을 바라보고 있다는 상상만 해도 나은이는 심장이 미칠 듯이 뛰었고 머릿속은 백지장처럼 하얗게 돼 버려서 입 밖으로 한마디도 꺼낼 수가 없었다. 남들 앞에서 발표하는 건 무조건 피하고 싶었다. 그래서 모둠 발표를 할 때도 가장 먼저 조사나 발표 원고를 쓰는 일을 하겠다고 나섰다. 모둠에서 역할을 맡을 때도 항상 남보다 배로 했기 때문에 나은이는 지금까지 발표는 피할 수 있었다.

하지만 이번 달부터 바뀐 모둠에서는 그게 통하지 않았다. 매사에 똑 부러지는 소미가 같은 모둠원이 되었기 때문이다. 소미는 모둠원들이 모두 공평하게 역할을 맡아야 한다고 주장하는 아이였다. 그래서 지금껏 해 온 나은이의 방법이 소미에겐 통하지 않았다. 그때 가위만 내지 않았어도……. 나은이는 자신이 바보같이 느껴졌다.

"나은아, 그럼 나하고 역할 바꿀래? 나도 발표는 자신 없지만 네가 그렇게 힘들어하니까……."

마음이 넓은 현우가 어렵사리 말을 꺼냈다. 하지만,

"안 돼. 가위바위보 하기 전에 우리가 정한 거 잊었어? 무르기 없기! 바꾸기 없기!"

소미가 현우를 쏘아보며 말했다.

"아, 알았어."

현우가 무안한 듯 머리를 긁적였다. 나은이는 괜히 현우에게 미안해졌다. 사실 소미의 태도에 화가 났지만 어쩔 수 없었다. 소미 말이

틀린 것도 아니기 때문이다. 소미는 처음부터 자로 잰 듯이 정확하게 모둠 발표의 역할을 나누고, 제일 공평하게 가위바위보로 정하자고 했다. 모둠원들은 물론 나은이도 정해진 결과를 따르자는 의견에 동의했다.

"잊지 마! 다음 주 금요일이 우리 모둠 발표야. 우리가 이번 주 주말까지 자료 보낼게. 나은이 넌 발표 준비 잘하고! 알았지?"

소미의 말에 현우도 나은이도 고개를 끄덕일 수밖에 없었다. 하지만 그때부터 나은이의 마음은 커다란 돌덩이가 든 것처럼 무거워져만 갔다.

'내가 발표를 잘할 수 있을까? 아니야, 난 절대 잘하지 못할 거야. 어쩌면 좋아.'

학교에서
'활약'하는 말하기

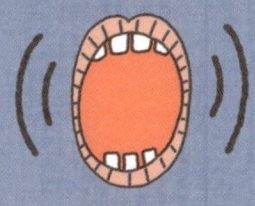

발표

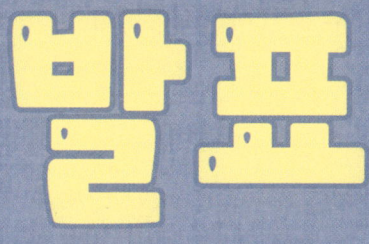

떡볶이 삼촌에게 물어봐?

"다음 주 금요일이야. 2주도 안 남았어. 어떡해 엄마……. 맞다! 그냥 금요일에 아프다고 결석해 버릴까?"

집에 온 나은이는 아빠가 차려 준 저녁도 먹는 둥 마는 둥 했다. 퇴근한 엄마가 사정을 듣고 나은이 방에 왔을 때까지도 나은이는 세상을 다 잃은 것처럼 이불을 뒤집어쓰고 침대에 드러누워 있었다.

"발표하기 싫어서 꾀병을 부린다고? 같은 모둠 애들한테 엄청 미안할 텐데? 그러지 말고 이번 기회에 잘 준비해 보면 어때?"

엄마가 나은이의 어깨를 토닥이며 말했다.

"나도 발표 잘하고 싶어. 하지만 남들 앞에 서면 말도 막 더듬고

글씨도 잘 안 보인단 말이야."

나은이가 울 것 같은 목소리로 말했다.

"음, 지금 우리 딸에게 전문가의 도움이 필요하단 말이구나!"

엄마가 팔짱을 끼고 말했다.

"전문가의 도움? 말하기 전문가가 어디 있는데? 설마 아빠는 아니지?"

나은이가 이불 밖으로 얼굴을 쏙 내밀었다.

"당연히 아니지! 엄마가 너희 아빠보다 백 배는 더 말을 잘하는 사람을 알고 있지. 대학 다닐 때 사람들 앞에서 연설도 하고 토론 대회도 나갔던 걸로 기억하니까. 우리 동네에서 말 잘하는 사람으로는 아마 1등일걸?"

"정말? 그게 누군데?"

나은이가 몸을 일으켜 세웠다. 나은이의 눈이 오백 원짜리 동전만큼 커다래졌다.

"그게 누구냐면 말이야. 바로바로! 떡볶이 삼촌!"

엄마의 말에 나은이는 피식 웃음이 나왔다. 떡볶이 삼촌이라니 말도 안 된다. 떡볶이 삼촌은 엄마의 남동생이다. 동네에서 '맛조아 떡볶이 가게'를 운영하는, 떡볶이를 위해 일생을 바치는 것이 꿈이라는 괴짜 삼촌 말이다.

떡볶이에 미친 삼촌이 말하기를 잘한다고? 나은이는 절대 그 말을 믿을 수 없었다. 삼촌이 사람들 앞에서 말하는 것이라고는 "어서 오십시오!", "떡볶이는 1인분에 2,000원입니다."뿐이기 때문이었다.

"엄마, 난 진짜 심각하다고. 엄마 농담 받아 줄 기분이 아니란 말이야."

나은이의 입이 삐죽 튀어나왔다.

"정말이라니까. 떡볶이 삼촌이 말하기를 얼마나 잘하는데. 삼촌이 대학 다닐 때 수백 명 앞에서 연설하는 걸 네가 봤어야 하는데. 그때 정말 엄청나게 감동이었다니까."

나은이가 엄마의 얼굴을 슬쩍 보니 엄마가 농담하는 것 같지는 않았다.

"떡볶이 삼촌이 그렇게 말을 잘해? 삼촌에게 배우면 나도 말을 잘하게 될까?"

"삼촌이 말을 잘하니까 말을 잘하는 방법도 알고 있지 않을까? 이러고 누워 있는다고 문제가 해결되는 게 아니잖아. 얼른 삼촌한테 가 봐. 분명 삼촌은 말 잘하는 방법을 알고 있을 거야."

엄마의 부추김에 나은이는 못 이기는 척하며 집을 나왔다. 하지만 삼촌의 떡볶이 가게를 찾아가는 동안에도 엄마의 말을 믿지는 않았다. 그렇다고 집에서 한숨만 푹푹 쉬며 걱정만 한다고 해결책이 하늘에서 뚝 떨어지는 것도 아니고······. 일단 삼촌을 찾아가 보기만이라도 해 보자, 나은이는 이렇게 다짐했다.

동네를 가로질러 흐르는 송학천을 따라 올라가다 보면 삼촌의 떡볶이집이 나온다. 어렸을 때부터 나은이는 이 송학천 길이 마음에 들었다. 송학천은 작은 개울이지만 일 년 내내 봄맞이꽃, 패랭이꽃, 달맞이꽃을 볼 수 있었다. 물속에서는 나은이 손가락만 한 작은 피라미들과 돌고기가 헤엄쳐 다녔고 흰뺨검둥오리들과 백로들이 송학천을 찾아왔다. 나은이는 송학천으로 산책하러 가는 걸 좋아했다. 엄마 아빠와 함께 송학천을 따라가다 삼촌의 떡볶이집에서 맛난 떡볶이를 먹는 것만큼 행복한 일은 없었다.

'삼촌에게 정말 방법이 있을까?'

삼촌의 떡볶이 가게 앞에서 나은이는 잠시 멈춰 섰다.

'그래, 일단 부딪혀 보는 거야!'

나은이는 크게 심호흡을 하고 가게 문을 힘차게 열었다.

공식적 말하기가 뭐야?

"그러니까 말하는 방법을 배우고 싶단 말이지?"

삼촌이 빨간 떡볶이의 국물 맛을 보며 입을 열었다. 나은이 쪽은 쳐다보지 않는 걸 보니 지금 삼촌은 한창 떡볶이를 연구 중인 게 분명했다. 삼촌이 떡볶이를 연구할 땐 다른 것들이 눈에 들어오지 않는다는 걸 잘 알고 있었지만, 한시가 급한 나은이는 삼촌에게 다짜고짜 얼굴부터 들이밀었다.

"맞아. 엄마 말이 삼촌이 말하기 고수라던데?"

"아이고, 깜짝이야. 얘가 오늘따라 왜 이래?"

놀란 삼촌이 드디어 나은이를 바라보았다. 나은이는 이 기회를 놓치지 않고 오늘 학교에서 있었던 일을 죄다 털어놓았다.

"우리 조카가 말을 못한다니! 못 믿겠는걸? 가게에 올 때마다 재잘재잘 떠드는 우리 나은이가?"

"나도 친구들이나 가족들 앞에서 말하는 건 잘할 수 있다고! 내가 어려운 건 사람들 앞에서 발표하는 거라고!"

나은이가 입을 삐죽 내밀었다.

"아하, 네 말은 공식적인 말하기가 어렵다는 거였구나!"

"공식적인 말하기? 그게 뭔데?"

"친구들이나 가족들과 대화할 때는 편하게 이야기하잖아. 친구들하고 반말도 하고 농담도 하고 말이야. 그런데 연설이나 발표를 하는 사람들을 보면 어때? 높임말도 쓰고 뭔가 진지하고 특별한 형식이 있어 보이잖아. 이렇게 연설이나 발표, 토론, 토의같이 공식적인 상황에서 여러 사람 앞에서 말하는 것을 공식적인 말하기라고 해."

"그럼 학급 회의에서 내가 의견을 낼 때 높임말을 하는 것도 공식적인 말하기야?"

"맞아. 학급 회의에서 의견을 내는 것, 학급 회의를 진행하는 것도 모두 공식적인 말하기지. 네가 다음 주에 해야 할 발표도 공식적 말하기고."

"응, 그렇구나. 그런데 공식적인 말하기는 왜 하는 거야?"

"나은이가 가족이나 친한 친구들과 가벼운 이야기를 할 때는 공식적인 말이 필요 없지. 하지만 세상에는 회의나 토론같이 진지하게 자신의 의견을 말해야 할 때가 있어. 이럴 때도 가족들에게 말하듯이 가볍게 말한다면 사람들이 과연 나은이의 말을 들어 줄까? 이럴 땐 좀 더 예의를 갖추고 형식에 맞춰 말을 해야 해. 그러니까 공식적인 말하기는 여러 사람 앞에서 예의와 형식을 갖춘 말하기가 필요할 때 사용하는 거야."

"그렇구나! 난 공식적인 말하기는 정말 못 하겠어. 나중에 어른이 되어도 지금처럼 사람들 앞에서 아무 말도 못 하면 안 될 텐데……. 어쩌지?"

나은이가 고개를 푹 숙였다.

"너무 실망하지 않아도 돼. 말하기는 경험이 많을수록 느는 거야. 말을 전혀 못 하던 아기들이 하나하나 말을 배우는 걸 생각해 봐. 엄마, 아빠 같은 간단한 단어부터 시작해서 점점 말하기 실력이 늘게 되잖아. 공식적인 말하기도 마찬가지야. 나은이가 말하기 경험을 많이 할수록 말하기에 자신감도 붙게 될 테니까 말이야. 그러니까 연습하고 노력하면 너도 어렵지 않게 공식적인 말하기를 할 수 있어."

"정말 그럴까? 삼촌이 내가 말을 잘할 수 있도록 도와줄 수 있지?"

"좋아, 대신 조건이 있어!"

"조건? 그게 뭔데?"

"말하는 연습을 빼먹지 말 것, 그리고 **말하기는 좋은 사람이 되기 위한 과정**이라는 걸 잊지 않기!"

"연습하는 건 자신 있어. 그런데 말하기가 좋은 사람이 되기 위한 과정이라니 그게 무슨 뜻이야?"

나은이가 고개를 갸웃거렸다.

"그건 나은이 네가 공식적인 말하기를 배우다 보면 스스로 깨닫게 될 거야."

삼촌이 미소를 지었다. 삼촌의 말이 무슨 뜻인지 잘 몰랐지만, 나은이는 삼촌의 조건을 받아들이기로 했다.

"좋아! 약속할게. 삼촌도 나를 말하기 짱으로 꼭 만들어 줘야 해!"

"물론이지. 약속!"

나은이와 삼촌은 새끼손가락을 걸고 환하게 웃었다.

공식적인 말하기와 일상적인 말하기는 뭐가 다를까?

공식적인 말하기는 학교, TV 토론, 캠페인, 선거 유세 같은 공적인 자리의 많은 사람 앞에서 자신의 의견을 말하거나 함께 문제를 해결하는 과정에서 사용되는 말하기예요. 발표, 회의, 토의, 토론, 연설 등이 있지요. 공식적인 말하기에는 다음과 같은 특징이 있어요.

첫째, 공식적인 말하기는 여러 사람 앞에서 하는 말하기예요

일상적인 말하기는 한 명이나 두세 명 정도의 사람 앞에서 말하지만, 공식적인 말하기는 서너 명에서부터 많게는 수천 명이 넘는 사람 앞에서 자신의 의견이나 주장을 하는 말하기예요.

둘째, 공식적인 말하기는 공적인 역할과 관계있는 말하기예요.

일상적인 말하기는 특별한 역할이 없어도 자유롭게 말할 수 있지만, 공식적인 말하기는 공적인 역할과 관계가 있어요. 발표자, 회의 진행자, 회의 참여자, 토론자, 연설자 등 공적인 역할이 주어진 사람들이 사용하는 말하기예요.

셋째, 공식적인 말하기는 높임말을 써요.

일상적인 말하기에서는 예사말을 자유롭게 사용하지만, 공식적인 말하기에서는 공적인 역할을 가지고 여러 사람 앞에서 말해야 하므로 반드시 높임말을 써야 해요.

넷째, 공식적인 말하기에는 형식과 절차가 있어요.

일상적인 말하기에서는 내가 말하고 싶을 때 자유롭게 말해도 되지만 공식적인 말하기에서는 발표, 회의, 토론, 연설 등의 형식에 따라 특별한 절차를 거쳐서 말해야 해요.

말하기에도 준비가 필요해

"자, 그럼 공식적인 말하기를 위한 준비를 시작해 볼까?"

삼촌이 앞치마를 풀고 나은이 앞에 섰다. 뭔가 자신 있어 보이는 모습을 보니 떡볶이에 진심인 삼촌의 모습과는 또 달랐다.

"나은아, 무조건 말부터 하면 아무 생각도 안 나고, 했던 말도 반복하고, 그렇겠지? 그래서 준비가 필요한 거야. 제일 먼저 해야 할 일은 네 생각을 정리하는 거야."

"생각을 정리한다고?"

"그래, 맞아. 네가 정말 하고 싶은 말이 무엇인지 생각해야 해. 나은아, 너는 발표할 때 무슨 이야기를 하고 싶어?"

삼촌의 질문에 나은이는 고개를 갸웃거렸다. 말하기를 잘하는 것만 생각했지, 반 아이들 앞에서 하고 싶은 말이 무엇인지는 생각해 본 적이 없었기 때문이었다.

"난 그냥, 발표하는 게 어려워서 삼촌에게 부탁하러 온 건데? 그리고 발표는 하고 싶어서 하는 게 아니라 선생님이 내 주신 모둠 숙제란 말이야."

나은이가 어깨를 으쓱했다. 삼촌은 고개를 가로저었다.

"그냥 발표하라니까 하는 거라면 정말 그 말이 아이들에게 제대로 전달이 될까? 나은이가 만약 2 곱하기 2가 4라는 것을 발표한다고 해 보자. 그 발표를 친구들이 관심 있어 할까?"

"에이, 당연히 관심 없지. 2 곱하기 2가 4라는 걸 모르는 사람이 어딨어?"

"맞아. 그런 내용은 발표를 듣는 사람도 관심이 없겠지만 발표를 하는 사람도 맥 빠지는 발표일 거야. 발표를 듣는 친구들에게도 아무런 도움이 안 되는 내용일 테고 말이야. **공식적인 말하기는 분명한 목적이 있는 말하기야.** 말하는 너도 그걸 듣는 친구들에게도 중요하지 않은 내용이라면 그냥 따로 만나서 농담처럼 말해도 되잖아."

말하는 삼촌의 눈빛이 반짝반짝 빛났다.

"공식적인 말하기는 명확한 목표가 있어야 하고 발표하는 사람이 그 목표를 정확히 알고 있어야 해. 그저 발표해야 하니까 별 관심도 없는 내용을 말하기 형식만 갖추어 말하면 되는 게 아니야. 형식만 있는 말하기는 아무 감동도 없는 말하기가 되는 거야. 그건 올바른 말하기가 아니야."

나은이는 삼촌의 말에 뒤통수를 한 대 얻어맞은 것처럼 정신이 멍해졌다. 지금까지 발표는 선생님이 시켜서 하고 발표 역할도 아이들이 가위바위보를 하다 져서 어쩔 수 없이 하는 것으로 생각했다. 그런데 형식만 있고 감동이 없는 말하기는 올바른 말하기가 아니라고?

나은이의 혼란스러워하는 표정을 본 삼촌이 나은이의 어깨를 토닥였다.

"정말로 하고 싶은 말이 있으면 사람들은 용기를 낼 수 있어. 그러니까 말할 때 가장 먼저 해야 할 준비는 나은이 네가 **친구들 앞에서 말하고 싶은 것이 무엇인지 생각해 보는 거야.**"

"음, 그게……. 우리 모둠은 우리 동네의 자랑거리를 조사해서 발표하기로 했거든. 사실 나는 동네의 자랑거리에 대해 제대로 생각해 본 적이 없어. 그저 발표를 내가 맡았고 모둠원들이 조사한 내용을 그냥 읽으면 된다고 생각했거든. 삼촌 말대로 올바른 말하기를 생각하지 않았기 때문에 말하기가 더 어렵게 느껴진 걸까?"

삼촌의 입가에 미소가 번졌다.

"이제야 우리 나은이가 말하기에 대해 한 발짝 가까워진 것 같은데? 아직 늦지 않았어. 친구들 앞에서 나은이 네가 하고 싶은 말이 무엇인지 곰곰이 생각해 봐."

나은이는 삼촌의 말에 천천히 고개를 끄덕였다.

"말하고 싶은 내용이 무엇인지 생각했다면 이제 공식적인 말하기의 형식에 따라 준비를 해야 해. 공식적인 말하기에는 네가 준비하고 있는 발표뿐만 아니라 토론, 토의, 연설, 협상 등 다양한 형식이 있어. 그 형식에 따라 준비하는 과정도 다 다르지."

나은이는 한숨을 푹 쉬었다.

"말하기는 정말 쉬운 일이 아니구나!"

"맞아. 하지만 차근차근 준비하면 나은이도 훌륭하게 해낼 수 있어. 먼저, 발표는 사람들에게 모르는 내용을 쉽게 이해하게 하는 게 제일 중요해. 그러니까 가장 먼저 발표자가 모르는 단어나 내용이 없는지 살펴서 발표할 내용을 정확히 이해하는 게 중요하겠지?

토론은 내가 주장하는 내용을 적절한 근거를 들어 말하고, 반대 의견을 가진 사람들을 논리적으로 설득하기 위한 말하기야. 그러니까 내 주장을 분명히 하고 주장에 대한 근거를 제대로 준비할 필요가 있어. 그리고 반대를 하는 사람들이 어떤 주장과 근거를 가질지도 예상해서 준비해야 하지.

 여러 사람의 의견을 듣고 최선의 해결 방법을 찾는 말하기인 토의는 토론과 달리 많은 사람이 다양한 의견을 모아야 하므로 참여자들이 적극적으로 회의에 참여하도록 도와야 해. 미리 충분한 정보를

준비해 두면 회의 참여자들이 사안에 대해 능동적으로 생각하고 많은 의견을 주고받을 수 있지.

 마지막으로 연설은 토론처럼 주장하고 사람들을 설득하는 말하기이지만 반대 주장을 하는 사람들과 맞서서 설득하는 것은 아니야. 그러니까 논리적으로 설득하는 토론보다는 좀 더 공감할 수 있도록 편안하고 부드럽게 이야기할 수 있는 내용을 준비해야 해."

"휴! 공식적인 말하기는 준비할 것도 많네."

 나은이가 고개를 절레절레 흔들었다.

"너무 걱정하지 마. 공식적 말하기도 결국은 말하기야. 나은이가 용기를 가지고 다양한 경험을 해 나가면 말하기 실력이 점점 더 늘 수 있어. 태어났을 때부터 발표를 잘하고 어렸을 때부터 감동적인 연설을 하는 사람은 없으니까 말이야. 삼촌도 초등학생 때는 앞에 나가서 말하는 게 너무 어려워서 회장이 하고 싶어도 선거에 한 번도 나간 적이 없었다니까. 중고등학생 때도 삼촌은 목소리도 조그맣고 사람들 앞에 나서는 걸 정말 싫어하는 심하게 소심한 아이였어."

 삼촌의 말에 나은이는 눈이 동그래졌다.

"정말? 그런데 삼촌은 어떻게 말하기 고수가 된 거야?"

"삼촌이 대학교 1학년 때였어. 대학교 근처에 가난한 동네가 있었는데 그곳에 아이들을 가르치는 봉사 활동을 한 적이 있거든. 그 아이들은 정말 귀엽고, 개구쟁이들이었지."

삼촌이 옛날 생각을 하며 미소를 지었다.

"그런데 어느 날 아이들과 공부하던 장소를 더 이상 쓸 수 없다는 말을 들었어. 월세가 너무 밀렸기 때문이야. 그 당시 삼촌도 대학생이라 돈이 없었거든. 눈앞이 깜깜했지. 어떻게 해야 하지? 머리를 쥐어뜯으며 몇 날 며칠을 고민했단다."

"그래서 어떻게 했어?"

나은이는 어느새 삼촌의 이야기에 빠져들었다.

"삼촌과 친구들은 월세를 마련하기 위한 모금 운동을 하기로 했어. 사람들에게 아이들이 처한 상황을 알리고 도움을 청해 보는 수밖에 없었거든. 그런데 모금 운동을 하려면 어떻게든 소리 높여 사람들에게 그 사실을 알려야 했지. 그게 삼촌의 첫 공식적인 말하기였어."

삼촌은 그때의 기억을 떠올리며 말을 이어 갔다.

"어휴, 말도 마. 처음엔 버벅거리고 더듬거리고 난리도 아니었어. 심장도 마구마구 뛰고 말이야. 그런데 그런 나의 어설픈 모습을 보고도 사람들이 하나둘 모금함에 도움을 주기 시작했어. 그 모습을 보니 삼촌도 조금씩 용기가 생기는 거야. 그래서 더욱 목소리를 높였지. 그렇게 일주일, 한 달이 지나니까 사람들 앞에서 말하는 것을 어려워하던 삼촌도 조금씩 변하게 되었지. 사람들의 도움 덕분에 밀

렸던 월세도 다 갚을 수 있게 되었고 말이야."

"와, 다행이다!"

나은이가 손뼉을 쳤다.

"그때 이후로 삼촌은 사람들 앞에서 말하는 것이 어렵지 않게 되었어. 그러니까 지금부터 말하기 연습을 해도 전혀 늦지 않아. 노력만 하면 나은이도 삼촌처럼 말하기 고수가 될 수 있어. 사람들에게 정말 하고 싶은 말이 있다면 용기를 낼 수 있고, 계속 노력하다 보면……."

삼촌이 하려는 말을 단번에 눈치챈 나은이가 주먹을 꼭 쥐고 외쳤다.

"나도 말하기를 잘할 수 있다!"

삼촌과 나은이는 서로를 마주 보며 큰 소리로 웃었다.

목소리만 잘 내도 말하기 절반은 성공!

"삼촌! 드디어 내가 반 아이들에게 하고 싶은 말이 생겼어."

다음 날 수업이 끝나자마자 나은이는 삼촌의 떡볶이집을 찾았다. 나은이가 문을 활짝 열고 소리쳤지만, 떡볶이떡을 떼고 있던 삼촌은 대답도 하지 않았다. 떡볶이를 준비할 때는 다른 것은 들리지도 보이지도 않는다는 삼촌이니 당연했다.

"삼촌!"

나은이가 빽 소리를 질렀다.

"아이코! 우리 나은이 왔구나. 근데 뭐라고 했지?"

"우리 반 아이들에게 하고 싶은 말이 생겼다고. 내가 제일 좋아하는 송학천이 우리 마을에서 얼마나 큰 자랑거리인지 친구들에게 알려 주고 싶어."

나은이의 눈이 반짝반짝 빛났다.

사실 나은이네 모둠이 발표할 내용에는 송학천을 소개하는 것은 들어가 있지 않았다. 하지만 어제 삼촌의 이야기를 듣고 나은이는 생각이 달라졌다. '내가 정말 아이들에게 소개하고 싶은 우리 동네 자랑거리는 무엇일까?' 그렇게 생각하니 나은이 머릿속에는 금세 송학천의 예쁜 모습이 떠올랐다.

나은이는 송학천을 매우 좋아하고 즐겨 찾았지만 반 아이들은 송학천에 대해 별로 관심이 없었다. 그래서 송학천의 물이 얼마나 맑은지 그리고 사계절마다 어떤 꽃이 피는지도 잘 알지 못했다.

'이번 기회에 송학천에 대해 잘 발표하면 우리 반 아이들도 송학천을 좋아하게 되지 않을까?'

이렇게 생각하니 나은이는 가슴이 두근거렸다. 나은이는 당장 시작했다. 먼저 모둠 아이들을 설득했다. 발표 내용에 송학천도 포함시키자고 말이다.

"맞아. 우리 동네에 송학천도 있었지! 나도 찬성!"

모둠 아이들은 모두 나은이의 의견에 찬성했다. 나은이는 드디어 하고 싶은 말을 정하게 되었다.

"친구들에게 송학천을 소개하고 싶다고? 좋아. 우리 나은이에게 이제 정말 말하고 싶은 주제가 생겼으니, 이제 말하기의 실제 기술을 배워 보도록 할까? 첫 번째는 바로 **큰 소리로 말하기**야."

삼촌의 말에 나은이의 표정이 바로 어두워졌다. 나은이가 가장 못하는 것이 사람들 앞에서 큰 목소리로 말하는 것이기 때문이었다.

"난, 목소리가 작아서 큰 목소릴 낼 수 없어. 어떻게 하면 목소리가 커져?"

나은이의 말에 삼촌은 고개를 가로저었다.

"네 목소리가 작다고? 말도 안 돼. 아까 삼촌을 부르는 네 고함 때문에 귀청이 떨어지는 줄 알았는데?"

"아, 그건 삼촌이 내 말은 안 듣고 있었으니까 소릴 지른 거잖아."

"맞아. 하지만 네가 마음만 먹으면 그 정도로 큰 목소리를 낼 수 있다는 말이기도 하지. 네 큰 목소리가 아니었다면 떡볶이를 만드느라 정신이 팔려서 네가 온 줄도 몰랐을 거야. 많은 사람들 앞에서 그들의 관심을 얻으려면 목소리가 커야겠지? 그래서 목소리 크기는 공식적인 말하기에서 매우 중요한 거야. 너무 작은 목소리는 당연히 사람들을 집중할 수 없게 만드니까."

"작은 목소리보다 큰 목소리가 사람들을 더욱 집중시킨단 말이지? 그럼 어느 정도 커야 하는데?"

"큰 소리로 말한다는 게 막 고함을 지르라는 건 아니니까 안심해. 일단 네가 생각할 때 큰 목소리라고 생각하는 것에서 1.5배 정도는 더 커야 해. 특히 처음 시작할 때는."

"그 정도로 크게 하라고? 그럼 너무 큰 목소리 아닌가?"

삼촌이 두어 번 짧게 고개를 저었다.

"사람들 앞에서 말을 하려고 하면 나도 모르게 주눅 들어 버릴 수가 있어. 그래서 너는 큰 소리로 말한다고 생각하지만 실제로 내뱉는 목소리는 더 작을 수가 있거든. 그러니까 기본적으로 네가 큰 목소리로 말하는 것보다는 더 커야 한다고 생각하는 게 좋아. 이게 공식적인 말하기에서 가장 먼저 기억해야 할 사항이야. 알았지?"

"응. **목소리는 크게!**"

나은이가 평소보다 1.5배 더 크게 소리쳤다.

"두 번째는 발음이야. 발음이 분명하지 않으면 사람들이 집중하지 않겠지. 그러니까 **발음을 분명하게 해야 해**. 특히 말을 시작할 때와 문장을 끝낼 때, 발음을 정확히 하려고 노력해 봐."

"잠깐, 말을 끝낼 때 발음을 정확히 하라고? 그게 무슨 말이야?"

"보통 공식적인 말하기에서의 문장은 '~했습니다.' 또는 '~했습니까?'로 끝날 거야. 이 끝말을 정확히 발음할 필요가 있다는 말이야. 그렇지 않으면 듣는 사람들은 말하는 사람이 질문하는 건지 주장하는 건지 헷갈릴 수 있거든. 그러니까 말을 끝맺을 때는 발음에 더욱 신경 쓸 필요가 있어."

"안녕하십니까! 여러분! 지금부터! 발표하겠습니다! 이렇게 말하면 되는 거야?"

나은이가 힘을 주어 큰 소리로 말하자 삼촌은 웃음을 터뜨렸다.

"으하하! 너 정말 웃긴다!"

"뭐야, 그럼 어떻게 하라는 거야?"

나은이가 화가 나서 소리쳤다.

"문장 끝의 발음을 분명히 끝내라는 거야. 말할 때마다 고함을 지르라는 게 아니야. 그리고 말의 높낮이가 너무 높거나 낮으면 사람들에게 이상하게 들려. 목소리는 크지만, 음의 높낮이는 일정하게 하는 게 좋아. 그리고 보통 문장이 끝날 땐 음을 높이는 것보다 살짝 내리는 것이 더 좋아. 질문할 때는 음을 살짝 올리는 것이 좋고 말이야. 예전에 삼촌이 초등학교 다닐 때 웅변대회에서는 무조건 소리를 높여서 고함을 지르는 학생들이 많았는데, 그땐 다들 그게 말을 잘하는 건 줄 알았지. 지금은 그렇지 않아. 말하기는 소리치기 대회가 아니라 사람들을 이해시키고 공감하도록 하는 거니까 말이야."

"목소리는 크지만, 소리를 높이지는 말아야 한다? 으, 정말 어려워."

나은이가 뒤통수를 긁적였다.

"걱정하지 마. 차근차근 연습하면 돼. 자연스럽게 입에 붙을 때까지 연습해 보자. 음, 그럼 먼저 글을 큰 소리로 또박또박 읽는 것부터 해 보자. 발표 자료 가지고 왔지?"

"응, 여기 있어!"

나은이가 가방에서 발표문을 꺼냈다.

"자, 배에 힘을 주고 큰 목소리로 읽어 봐. 처음엔 말하는 음의 높낮이는 높이거나 낮추지 않고 그대로 읽는 거야. 알았지?"

"으, 삼촌 앞에서 말하려니까 왠지 쑥스러워……."

"용기를 내. 지금은 연습 중이니까 실수해도 괜찮아. 더듬대거나 잘못 읽어도 상관없어. 그냥 목소리 크기를 유지하면서 편안하게 읽는 거야. 참! 말하는 속도는 평소 대화할 때 정도의 속도라는 걸 잊지 마. 그래야 듣는 사람도 편안하게 들을 수 있으니까. 자, 지금부터 시작!"

삼촌의 응원에 나은이가 발표문을 읽기 시작했다.

"지금부터 모둠 발표를 시작하겠습니다. 우리 모둠이 발표할 주제는 우리 동네 자랑거리입니다. 우리 동네엔 자랑거리가 많이 있지만, 그중에서 우리 모둠이 소개하려는 것은 깨끗한 물이 흐르는 송학천입니다. 송학천은 우리 동네를 좌우로 가로질러서 흘러가는 넓은 하천이며 우리 마을의 상징과 같은 존재이기 때문에……."

나은이는 최대한 목소리를 크게 하면서 읽으려고 노력했다. 발표문을 읽는 걸 마치자 삼촌이 물었다.

"잘했어. 읽어 보니 어땠어?"

"음, 목소리가 크니까 처음엔 뭔가 말을 잘하고 있는 것처럼 느껴졌어. 그런데 뒤로 갈수록 입도 마르고 숨이 차서 목소리가 점점 줄어들었어."

나은이가 풀이 죽어서 말했다. 삼촌이 빙긋 웃었다.

"왠지 알아? 그건 네가 말하면서 거의 쉬지 않았기 때문이야. **말하기도 중간중간에 여유를 두어야 하는데** 네 발표문에는 쉴 수 있는 부분이 별로 없어."

"말하기도 쉬는 게 필요해?"

"그럼! 말을 하다가 사람들에게 관심을 집중시킬 때도 쉴 수 있고 사람들에게 전달할 내용을 분명히 하기 위해서도 쉬어야 해. 네가 쉬지 않고 말할 때 숨이 차는 것처럼 듣는 사람도 쉬지 않고 말하는 걸 들으면 조급해지거든. 자, 네 발표문에 쉼표를 표시해 볼까?"

삼촌이 나은이의 발표문을 들더니 연필로 무엇인가 표시를 하기 시작했다.

지금부터 모둠 발표를 시작하겠습니다. (쉬기) 우리 모둠이 발표할 주제는 우리 동네 자랑거리입니다. (쉬기) 우리 동네엔 자랑거리가 많이 ~~있지만,~~ 있습니다. (쉬기) 그중에서 우리 모둠이 소개하려는 것은 깨끗한 물이 흐르는 송학천입니다. (쉬기) 송학천은 우리 동네를 좌우로 가로질러서 흘러가는 넓은 ~~하천이며~~ 하천입니다. 송학천은 우리 마을의 상징과 같은 ~~존재이기 때문에~~ 존재입니다. (쉬기)

"자, 어때? 네가 쓴 발표문에서 달라진 점이 뭐지?"

"음, 쉬라는 표시가 있어. 문장 길이도 내가 쓴 것보다 짧아졌네. 이건 길게 이어서 말하지 말라는 거지?"

"오, 역시! 우리 나은이가 글쓰기를 잘하니까 삼촌이 원하는 것이 무엇인지 정확히 찾아내는구나! 문장이 너무 길면 말하기가 어려워. 듣는 사람도 무슨 내용인지 알기 어렵고. 그러니까 너무 긴 문장은 두 개의 문장으로 나누어서 말해야 해."

"알겠어. 그런데 쉴 때는 어느 정도 쉬어야 해? 너무 오래 쉬면 이상해질 것 같고 너무 짧게 쉬면 쉬나 마나 할 것 같고."

나은이가 고개를 갸웃거렸다.

"쉬는 정도는 사람마다 조금씩 차이가 있겠지만 보통 침을 꼴깍 넘기는 정도의 시간이라고 생각하면 좋을 거야. 만약 말할 때 강조할 부분이 있다거나 사람들에게 질문을 하고 답변을 기다릴 때는 그것보다 두 배 정도 길게 쉬면 좋겠지?"

"응. 그럼 다시 한번 해 볼게."

나은이는 평소 말하는 속도로 편안하게 그리고 쉬는 곳을 생각하며 큰 소리로 발표문을 읽어 내려갔다. 마지막 문장까지 다 읽고 나니 나은이의 얼굴에도 미소가 그려졌다.

"아직 좀 어렵지만 뭔가 잘할 수 있을 것만 같아."

"그렇지? 이렇게 계속 연습하다 보면 말하는 게 어렵지 않게 될 거야. 목소리를 내는 것만 잘해도 말하기의 절반은 성공이야. 잊지 마!"

"알았어. 나도 열심히 해 볼 거야."

나은이가 씩씩하게 고개를 끄덕였다.

말하기 연습 어떻게 할까?

❶ 발표할 내용을 여러 번 큰 소리로 읽는 연습을 해요

목소리가 커야 사람들이 더 집중할 수 있어요. 큰 소리로 읽는 연습을 하면 자연스럽게 목소리가 커져요.

❷ 연습할 때 발음을 또박또박하려고 노력해요

발음이 정확해야 사람들이 잘 들을 수 있어요. 자신감 있는 목소리로 또박또박 분명하게 발음하는 것이 중요해요.

❸ 문장의 시작과 끝은 좀 더 정확하게 말하려고 노력해요

말을 할 때 시작과 끝을 분명히 말하면 듣는 사람에게 훨씬 잘 들리고 이해도 쉬워져요.

❹ **발표 내용의 각 문장을 짧게 끊어서 정리하고 읽어요**

말을 길게 하면 사람들이 무슨 내용인지 이해하기 힘들어요. 짧게 문장을 끊어서 연습해요.

❺ **'-다'로 끝나는 말은 음을 살짝 내려 주고, '-까'로 끝나는 말은 음을 살짝 높여요**

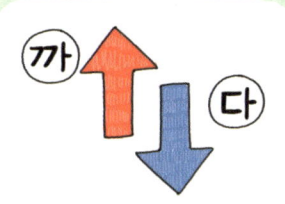

사람들 앞에서 평소 말하는 것처럼 자연스럽게 말을 하려면 문장 끝에서 음을 살짝 내려 주는 게 좋아요. 질문하는 말에는 살짝 음을 올려 주세요.

❻ **문장과 문장 사이에서는 1~2초 쉬는 것이 좋아요**

다음 문장으로 넘어갈 때 1초 정도 쉬는 것이 좋아요. 질문의 답변을 기다리거나 다른 주제로 전환하기 전에는 2초 정도 쉬는 게 좋아요.

말하기 자신감은 어떻게 키워?

"삼촌…… 좀 도와줘……."

나은이가 삼촌을 찾아온 건 사흘이 지난 후였다.

"우리 나은이가 오늘은 어떤 문제 때문에 왔을까?"

나은이는 한숨을 쉬며 식당 의자에 걸터앉았다.

"말하기 연습은 삼촌 말대로 열심히 하고 있어. 일부러 목소리도 크고 분명하게 내고 말이야. 그런데 발표 날이 다가올수록 자신이 없어. 실패하면 어쩌지? 아이들 앞에서 아무 말도 못 하고 멀뚱멀뚱 서 있기만 하면 어쩌지? 으아, 그런 생각이 들면 눈앞이 캄캄해져."

삼촌은 나은이에게 장난스럽게 윙크하고는 입을 열었다.

"그건 당연해. 공식적인 말하기에서 떨지 않는 사람은 거의 없을 걸? 삼촌도 사람들 앞에서 말할 때는 늘 긴장하는데, 뭘."

"그럼 삼촌은 막 떨리고 조마조마할 때 어떻게 해? 제대로 말할 자신이 없을 땐 어떻게 해야 해?"

"먼저, 자신감 있게 말할 수 있을 만큼 말할 내용을 정확히 알고 있어야 해. 말하는 내용에 대해 나 자신도 잘 모르면 자신감이 생길 수 있겠어?"

"그건 걱정하지 마. 발표문은 달달 외울 지경이라고. 송학천에 대해서도 너무 잘 알고 있고."

"좋아. 그럼 두 번째로, 말을 하면서 듣는 사람들과 눈을 마주쳐야 해. 고개를 숙이거나 다른 곳을 보지 말 것!"

삼촌이 단호한 표정으로 말했다.

"뭐? 사람들 눈을 보며 말하라고? 그럼 더 말을 못 할 것 같은데?"

나은이가 깜짝 놀라며 말했다.

"공식적인 말하기도 대화야. 당연히 말하는 사람과 듣는 사람이 있어. 듣는 사람들을 바라보지 않으면 눈을 감고 말하는 것과 마찬가지야. 넌 눈을 감고 말하면 정말 자신 있게 말할 수 있을 것 같니?"

나은이는 고개를 저었다.

"공식적인 말하기를 할 때는 듣는 사람들과 하나하나 눈을 맞추며 이야기를 해야 정말 대화하는 것처럼 느껴져 마음도 가라앉게 돼. 물론 처음부터 눈을 마주치며 말하는 건 어렵겠지? 그럴 땐 너를 지지하는 사람들을 바라보며 말을 해 봐."

"나를 지지하는 사람?"

"그래. 네가 발표할 때 널 지지할 사람이 누굴까 생각해 봐. 바로 너희 모둠 친구들이겠지? 그 친구들을 보며 말한다면 좀 더 자연스럽게 이야기할 수 있겠지?"

나은이는 고개를 끄덕였다. 삼촌 말대로 모둠 친구들을 보며 이야기를 하면 왠지 떨리는 마음도 많이 줄어들 것 같았다.

"이렇게 생각해 봐. '나의 말을 지지해 줄 사람이 한 명 이상 있다. 힘을 내자!'라고 말이야. 처음 보는 사람들 앞에서도 마찬가지야. 네가 말을 할 때 너의 말에 고개를 끄덕이며 지지해 줄 사람은 분명 있어. 그 사람들을 보면서 말을 하면 용기가 생길 거야. 그러니까 너무 겁에 질려 있을 필요 없어."

삼촌은 계속해서 말을 이어 갔다.

"공식적인 말하기는 단지 화려한 말솜씨를 뽐내자는 게 아니야. 오히려 네가 중요하다고 생각하는 것을 사람들과 나누고 같이 생각하게 만드는 과정이지. 그리고 너의 말에 고개를 끄덕여 줄 수 있는 사람들이 있다는 굳은 믿음으로 사람들 앞에 당당히 서는 과정이기도 하고 말이야."

"삼촌이 그렇게 말하니까 내가 뭔가 대단한 일을 맡게 된 거 같아."

나은이가 빙긋 웃으며 말했다.

"대단한 일이고 말고. 말하기는 세상을 변화시킬 수 있는 큰 힘을 가지고 있어. 마틴 루서 킹 목사님의 연설은 미국 사람들에게 인종 차별이 문제라는 것을 생각하게 했잖아. 반대로 나치의 독재자 히틀러의 연설은 수많은 사람을 죽음으로 몰아넣고 전쟁의 피해로 고통받게도 했지. 말하기는 그만큼 힘이 있고 대단한 일이라는 걸 잊지 마."

"내가 하는 말이 다른 사람을 변화시킬 수 있다고는 생각해 보지 않았어. 말이라는 게 그렇게 대단한 힘을 가진 거구나!"

"맞아. 하지만 그렇다고 말하기를 두려워해서는 안 돼. 어떤 말을 할지, 내 말이 어떤 영향을 줄지도 잘 생각해서 내 생각을 말하는 것은 매우 떨리지만 감동적인 일이기도 하니까."

나은이는 삼촌이 한 말의 의미를 알 수 있을 것 같았다.

"발표 연습 할 때도 혼자 아무도 모르는 곳에서 하는 것보다 다른 사람 앞에서 시선을 맞추고 연습하는 게 좋아. 그래야 자신감도 더 생기고 네가 하는 말의 중요성도 좀 더 실감할 수 있을 거야."

나은이가 삼촌의 말에 눈을 반짝이며 물었다.

"그러니까 발표 연습 하고 싶을 때마다 맨날 삼촌을 찾아와도 괜찮다는 말이지?"

"아, 아니 그건 좀 곤란한데……."

삼촌이 당황해서 말을 얼버무렸다. 나은이는 그 모습을 보고 깔깔대며 웃었다.

말하기 자신감 어떻게 키워야 할까?

❶ 말할 내용을 잘 알고 있어야 해요

자신도 잘 모르는 내용을 말할 땐 자신감이 없는 게 당연해요. 말할 내용을 정확히 알고 있어야 좀 더 편하고 분명하게 말할 수 있어요.

❷ 말할 때는 사람들의 눈을 바라봐요

말할 땐 듣는 사람의 눈을 봐야 해요. 말을 하면서 왼쪽에서 오른쪽으로 또는 앞에서 뒤로 사람들과 시선을 마주치면 사람들의 반응도 살필 수 있고, 긍정적인 반응에 자신감도 얻을 수 있어요.

❸ 연습할 때도 듣는 사람이 있어야 해요

혼자 연습하다가 막상 사람들 앞에서 말하게 되었을 때 어려웠던 점은 없었나요? 연습할 때도 사람들 앞에서 하는 게 좋아요. 사람들과 눈을 맞추며 말하는 연습을 많이 할수록 자신감도 생겨요.

발표의 목적
- 이해와 설득

"말하기 연습은 잘 되고 있니?"

오늘은 웬일로 삼촌이 나은이네 집을 찾아왔다. 이제 발표 날까지 5일이 남았다.

"응. 이제 사람들 앞에서 말하는 것에 조금은 자신감이 생겼어. 이게 다 삼촌 덕분이야."

나은이가 삼촌을 보며 엄지손가락을 치켜세웠다.

"멋진걸? 그럼 이제 발표할 때의 말하기에 대해 좀 더 자세히 알아보자."

"좋아! 이제 뭐든 할 수 있을 것 같아."

나은이가 적극적으로 나섰다.

"그럼 첫 질문. 발표하기는 무엇을 목적으로 하는 말하기일까?"

삼촌의 질문에 나은이가 잠시 고민을 하고 대답했다.

"음, 무언가를 설명해 주고 알려 주는 거 아니야?"

"그래 맞아. 그리고 다른 사람에게 지금 말하는 내용이 매우 중요하다는 것을 깨닫게 하는 일이지. 그래서 발표하기는 이해와 설득을 목적으로 하는 말하기야. 나은이는 세상에서 가장 유명한 발표자가 누구인지 알고 있니?"

"그게 누구야?"

"바로 애플의 창업자였던 스티브 잡스야. 그가 발표하는 모습을 담은 영상은 지금도 많은 사람들의 감탄을 자아내고 있지. 스티브 잡스의 발표도 이해와 설득을 목표로 하고 있어. 만약 네가 스티브 잡스라면 새로운 스마트폰을 많이 팔기 위해 어떻게 해야 할까?"

"그거야 스마트폰 성능이 얼마나 좋은지를 알려야 하는 거 아니야?"

나은이의 대답에 삼촌이 고개를 끄덕였다.

"맞아. 사람들에게 새 스마트폰의 차별화된 성능을 자랑해야 하지. 그러려면 사람들이 쉽게 알아야 하겠지? 어려운 말이 아니라 누구나 쉽게 이해할 수 있도록 하는 것 그리고 이 성능 좋은 제품을 꼭 살 수 있도록 설득하는 것. 그것이 바로 이해와 설득이야."

나은이는 삼촌의 설명에 집중했다.

"요즘 학교에서도 발표를 컴퓨터를 이용해서 하는 것 같던데, 맞니?"

"응, 우리 모둠도 발표할 때 컴퓨터를 이용해서 사진 자료와 동영상을 보여 줄 거야."

"요샌 유용한 컴퓨터 프로그램이 많이 생겨서 쉽게 발표를 할 수 있게 되었지. 그런데 이렇게 손쉽게 발표 자료를 만들 수 있다 보니 어떤 자료든 많이 보여 주기만 하면 발표를 잘한다고 착각하는 사람들도 생겨났어. 그건 발표의 목적이 이해와 설득이라는 것을 모르고 하는 생각이야."

"그래? 자료를 많이 소개할수록 발표를 잘하는 게 아니었어?"

나은이의 눈이 휘둥그레졌다.

"너무 많은 정보가 들어오면 사람들은 그것을 모두 기억할 수 없게 돼. 나은이도 누군가의 발표를 보았을 때를 한번 떠올려 봐. 뭔가 자료가 많은 발표를 듣기는 했는데 끝나고 나면 발표자가 무슨 이야기를 했는지 모르는 경우가 없었어?"

"맞아. 어제 1모둠 발표도 그랬어. 발표 프로그램으로 발표를 했는데 뭔가 글씨도 많고 그림도 많았거든. 근데 지금 생각나는 건 하나도 없네."

"그래, 사람들은 흔히 발표할 때 자료가 많으면 좋다고 생각해. 그래서 발표 내용을 빽빽하게 쓰고 사진과 영상도 잔뜩 보여 주지. 하지만 이렇게 정보가 많으면 사람들은 오히려 제대로 기억하지 못할 수가 있어. 발표의 목적인 이해와 설득에서 모두 실패하는 거지."

"그럼 어떻게 하면 돼?"

"먼저 무엇을 이해하고 설득할지 발표의 목적을 분명히 해야 해. 그런 다음에는 잘 설명할 수 있도록 내용을 충분히 공부해야겠지. 마지막으로 목적에 맞는 사진, 영상, 도표 자료를 잘 골라 적절하게 보여 주는 게 중요해. 나은이가 우리 동네의 자랑거리로 송학천을 발표하기로 했잖아. 그렇다면 나은이의 발표 목적은 송학천이 왜 우리 동네의 자랑거리인지를 이해시키고 설득하는 것이 되겠지?"

나은이가 고개를 끄덕였다.

"그렇다면 반 친구 대부분이 알고 있는 송학천의 정보는 발표 내용에서 빼도 될 거야. 그리고 단순히 송학천의 모습을 찍은 사진이나 영상 자료보다는 사람들이 잘 모르는 사실과 숨겨진 자랑거리를 알려 줄 수 있는 사진이나 동영상 자료를 보여 주는 게 더 좋겠지?"

"그렇구나. 사실 친구들이 모아 준 발표 자료는 양이 너무 많아서 이걸 다 설명해야 하는지 고민하고 있었거든. 삼촌 설명을 들으니까 어떤 내용을 중심으로 발표해야 하는지 감이 좀 잡혔어."

"좋아. 그럼 이제부터 발표 준비 단계에서 해야 할 일들을 살펴보자. 우선 발표 내용을 제대로 알아야 해. 내용을 그대로 읽거나 외우는 게 아니라 완벽히 이해하는 게 중요해. 내용을 꼼꼼히 파악했다면 자료를 발표 흐름에 따라 정리해야 해. 사진 자료, 영상 자료, 도표 자료의 특징을 잘 생각해서 꼭 필요한 자료만 사용해 발표 자료를 구성하는 거지. 발표 자료에 긴 설명을 직접 적어 놓는 사람들도 있는데, 이럴 경우 친구들이 너의 발표보다 먼저 설명을 읽으려고 하겠지? 당연히 집중력도 떨어질 테고 말이야. 그러니까 자료에 대한 설명 글은 짧은 게 나아. 어떤 친구들은 발표 장면마다 꼭 사진이나 동영상 등을 넣어야 한다고 생각하는데 그게 모두 좋은 것만은 아니야. 아무것도 없이 빈 화면을 보여 주는 게 더 효과적일 때도 있

어. 만약 발표자가 사진 자료와 영상을 보여 주다가 빈 화면을 보여 준다면 사람들은 어떨까?"

"모두 발표하는 사람을 보지 않을까?"

"맞아, 바로 그거야! 빈 화면은 발표자의 말에 집중하게 만들 수 있어. 그러니까 발표 자료는 무조건 많은 글씨와 사진, 도표, 영상으로 가득 차야 한다는 생각은 버려."

"그러니까 삼촌, 어떻게 하면 사람들이 집중해서 잘 이해할 수 있을지 그 방법을 생각하라는 거지?"

"그렇지. 이제 발표 자료를 다 정리하면 실전이야. 실제 현장에서 사람들 앞에 서 있다고 생각해 봐."

"으, 생각만 해도 떨린다."

"준비를 철저히 하면 어떤 발표도 문제없으니 용기를 가져! 발표를 시작할 땐 인사를 하고 발표 내용을 정하게 된 까닭 등을 간단히 밝히면 사람들이 좀 더 이해하기 쉬울 거야. 발표할 때는 굳이 외워서 하지 않아도 되지만 고개를 숙이고 계속 발표 내용만 읽어서는 안 돼."

"말할 땐 사람들의 눈을 보고 이야기해라! 그건 나도 이제 알고 있어. 그런데 걱정은 돼. 나도 사람들의 눈을 보며 발표하고 싶은데 내용을 다 외운 것도 아니고……. 어떡해야 해? 그리고 갑자기 아무것도 생각이 안 날 때도 있다고. 그땐 정말 어쩌지?"

나은이가 간절한 눈빛으로 삼촌을 쳐다보았다.

"그럴 땐 공책 절반 크기 정도의 두꺼운 종이에 간단한 설명과 내용을 적어 놓으면 꽤 도움이 될 거야. 크기가 작아서 여러 장을 손에 들고 있어도 되고, 듣는 사람이 보기에도 부담스럽지 않지. 또 발표하면서 슬쩍슬쩍 보기 편하고, 중요한 것을 적어 놓을 수 있어서 발표 도중에 빠뜨릴 염려도 없지. 이걸 큐카드라고 해."

"아, 나도 본 거 같아. 방송국에서 아나운서들이나 진행자들이 손에 들고 있던 거 맞지?"

"맞아. 방송에 나오는 전문가들도 이 큐카드의 도움을 받는 거야.

이렇게 큐카드에 중요하게 말할 내용이나 대사를 적어 놓으면 억지로 안 외워도 되고 어디까지 발표를 했는지도 헷갈리지 않을 수 있어. 발표하다가 아무 생각이 안 나는 일도 없을 테고 말이야."

"오케이, 오늘 당장 만들어야겠어!"

나은이가 주먹을 불끈 쥐었다. 그 모습을 보고 삼촌이 웃음을 터뜨렸다.

"하하! 우리 나은이가 자신감 충만인데? 자, 이제 발표가 거의 끝나 가고 있어. 마지막엔 무얼 하면 좋을까?"

"이상입니다. 감사합니다! 이러면 되는 거 아냐?"

나은이가 어깨를 으쓱해 보였다.

"그렇게 발표를 끝내는 것도 방법이지만, 우리가 발표하는 이유가 이해와 설득이라는 점을 잘 생각해 봐. 마지막에 인상적인 문구나 감동적인 대사로 마무리한다면 사람들이 네가 발표한 내용을 다시 한번 떠올리고 받아들일 수 있지 않을까?"

"오, 그거 좋겠다. 이해와 설득이라는 발표의 목적을 끝까지 놓지 말아야 한다는 말이지?"

"맞았어. 이제 우리 나은이가 발표 왕이 되는 건 시간문제인 것 같은데?"

"헤헤, 두고 봐, 삼촌! 이번 발표는 정말 잘해 낼 자신 있어!"

큐카드는 어떻게 만들까?

A4

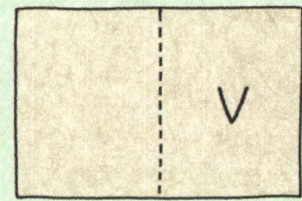

큐카드의 크기는 A4 용지의 절반 크기면 적당해요.

두꺼운 종이

큐카드는 두꺼운 종이로 만들어야 들고 있을 때 구겨지지 않아요.

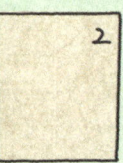

큐카드 오른쪽 위에 순서를 적어 놓으면 순서가 헷갈리지 않아요.

큐카드에는 발표할 내용을 간단히 줄여서 쓰고 어려운 단어나 용어의 뜻을 적어 두어요.

큐카드의 수는 발표 프로그램의 슬라이드 수와 같은 것이 좋아요.

큐카드를 너무 몸 쪽 가까운 데 두면 고개를 자주 숙여야 해요. 눈이 정면을 바라볼 때 시선을 살짝 아래로 내리면 볼 수 있는 거리에 큐카드를 들고 있는 것이 좋아요.

나은이 발표를 하다

발표 당일이 되었다. 나은이는 긴장한 얼굴로 칠판 앞으로 나섰다. 같은 모둠 아이들도 긴장한 눈으로 나은이를 바라보았다. 나은이는 한숨을 크게 쉰 다음 마음을 다잡았다.

'잘할 수 있어. 내가 꼭 이야기하고 싶은 걸 발표하는 거니까.'

나은이는 크고 분명한 목소리로 발표를 시작했다.

"안녕하세요. 지금부터 3모둠 발표를 시작하겠습니다."

나은이는 고개를 들어 반 친구들의 얼굴을 하나하나 쭉 둘러보았다. 나은이의 발표를 기다리며 고개를 끄덕이고 격려해 주는 얼굴들이 눈에 들어왔다.

"저희 모둠의 발표 주제는 우리 마을의 자랑거리입니다."

나은이가 발표 프로그램의 슬라이드를 작동시키자 화면에는 노란 달맞이꽃이 보였다.

"와, 예쁘다! 저 꽃은 뭐야?"

곧이어 메꽃, 패랭이꽃 같은 꽃들이 지나가고, 뱁새, 박새 그리고 곤줄박이 등 예쁜 새들의 모습이 나왔다.

"저긴 어디야? 와, 새들 귀엽다!"

반 아이들 모두 나은이가 보여 주는 사진 자료에 집중했다. 설명 없이 사진만 보여 준 것은 나은이의 아이디어였다. 그리고 그 아이디어는 대성공이었다.

"오늘 우리 모둠이 소개할 자랑거리는 보여 드린 사진과 관계가 있습니다."

"정말 우리 마을에 저런 곳이 있었어?"

아이들이 서로를 바라보며 웅성거렸다.

"우리 마을의 자랑거리이지만 정작 우리가 그 아름다움을 잘 느끼지 못하는 곳, 바로 우리 마을의 아름다운 하천! 송학천입니다."

이윽고 나은이는 송학천에서 볼 수 있는 아름다운 꽃들과 나무 그리고 자세히 봐야만 보이는 새들과 물고기들을 소개했다. 반 친구들은 나은이의 발표에 귀를 기울였다. 발표를 거의 끝낼 즈음 나은이

는 발표 화면에 커다란 물음표를 띄웠다.

"만약, 누군가 여러분에게 '이 마을의 자랑거리가 뭐지?'라고 묻는다면 이렇게 대답해 주십시오. '우리 마을엔 맑은 물이 흐르고 아름다운 생명이 살아 숨 쉬는 송학천이 있다!'라고 말입니다. 감사합니다."

나은이의 발표가 끝나자 아이들이 자리에서 일어나 환호성과 박수를 보냈다. 그 모습을 본 나은이는 얼굴이 빨개졌다. 모둠 아이들이 모두 엄지손가락을 치켜들었다.

"너 언제부터 이렇게 말하기를 잘하게 된 거야?"

소미가 놀랐다는 듯이 물었다.

"우리 삼촌에게 배웠어. 우리 삼촌은 말하기 고수거든."

나은이가 웃으며 말했다.

"와, 나은이 정말 발표 잘했어!"

"글쓰기 짱인 나은이가 알고 보니 말하기도 짱이었네!"

"나은이 덕분에 송학천이 아름다운 곳이라는 걸 알게 되었어. 고마워!"

아이들이 저마다 나은이를 칭찬했다. 그 많은 칭찬의 말 중에서 나은이를 기쁘게 한 것은 송학천의 아름다움을 알게 됐다는 감사의 말이었다. 나은이는 발표를 준비하면서 자신이 말하고 싶었던 내용이 사람들에게 잘 전달되었을 때 얼마나 가슴 벅차고 기쁜지를 비로소 깨닫게 되었다.

'고마워, 삼촌!'

나은이는 붉게 상기된 얼굴로 아이들을 보며 환하게 웃었다.

나은이가 발표에 활용한 무료 프레젠테이션 프로그램
- 미리캔버스: https://www.miricanvas.com
- 망고보드: https://www.mangoboard.net

'모두의 참여와 노력'이 필요한 말하기

회의

회의는 정말 어려워

"저기…… 좀…… 조용히 해 주시길 바랍니다! 저기요…….."

회장인 현우가 계속 요청했지만 반 아이들 중 누구도 현우의 말을 들어 주는 사람이 없었다.

"모두 집중! 조용!"

담임 선생님이 보다 못해 목소리를 높이자 아이들은 그제야 조용해졌다.

"회장, 다시 시작하세요."

담임 선생님이 한숨을 푹 내쉬었다. 현우는 침을 꼴깍 삼키고 회의를 다시 시작했다.

"오늘 우리 반 회의 안건은 '우리 반 알림의 날' 행사를 어떻게 할 지입니다."

현우가 띄엄띄엄 말을 이었다. 그때, 태민이가 손을 번쩍 들었다.

"회장, 알림의 날? 그게 뭐야?"

옆에 있던 소미가 혀를 끌끌 찼다.

"야, 넌 그것도 모르니?"

"모를 수도 있지. 넌 다 아냐?"

태민이와 소미가 티격태격 말싸움하는 통에 교실이 다시 시끄러워지기 시작했다.

"조…… 조용히, 제발."

현우가 진땀 흘리는 것을 본 선생님이 나서서 아이들을 조용히 시키고 우리 반 알림의 날 행사에 대해서도 간단하게 설명해 주었다.

"그, 그럼 '우리 반 알림의 날' 행사에 대한 여러분의 의견을 들어 보겠습니다."

현우가 이렇게 말하고 반 아이들을 보았다. 하지만 아이들은 멀뚱멀뚱 서로를 바라볼 뿐 말이 없었다. 현우는 아이들이 아무 말도 안 하는 것이 자기 잘못인 것 같아 더욱 어깨가 움츠러들었다. 한참 시간이 흐른 뒤 유연이가 손을 들었다.

"댄스 공연 어때? 유명한 아이돌 그룹의 댄스를 우리 반 모두 나가서 추는 거야."

몇몇 아이들이 "우아!" 하고 함성을 질렀다.

"그게 이번 행사하고 어떤 관계가……."

현우가 말을 끝내기도 전에 이번엔 지호가 손을 번쩍 들었다.

"음식 만들기를 합시다. 그게 훨씬 재밌습니다!"

지호에 말에 또 몇몇 아이들이 "우아!" 하고 환호성을 질렀다.

"댄스! 댄스!"

"음식! 음식!"

아이들이 각자 댄스와 음식으로 나뉘어서 소리를 높였다. 현우는 이 상황을 어떻게 정리해야 할지 몰라 안절부절못할 뿐이었다.

"다수결로 해. 다수결로!"

보다 못한 소미가 한마디 했다.

"다수결 찬성!"

"다수결 결사반대!"

교실은 순식간에 아수라장으로 변했다. 결국 담임 선생님이 자리에서 또 일어나셨고 회의는 결국 아무런 결론도 내지 못하고 끝나고 말았다.

자리에 돌아온 현우는 기운이 하나도 없었다. 명색이 회장인데 회의에서는 아무도 자기 이야기를 들어 주지 않았다. 아이들이 저마다

자기주장만 내세울 때는 어떻게 해야 하는지도 몰랐다. 이런 식으로 계속 회의를 진행할 순 없다. 현우는 1학기 학급 회장이었던 소미처럼 회의에서 똑 부러지고 분명하게 제 역할을 해내고 싶었다. 그런데 2학기 첫 회의부터 망치고 말다니!

'나는 회장이 되지 말았어야 했나 봐.'

현우는 울고 싶었다. 그때였다. 누군가 현우의 어깨를 톡톡 두드렸다. 바로 나은이였다.

"회의 진행하기 힘들지?"

현우가 고개를 끄덕였다.

"널 도와줄 사람이 한 명 있을 것 같은데? 어때, 한번 도움을 청해 볼래?"

현우가 궁금한 눈빛으로 나은이를 바라보았다. 나은이가 미소를 지으며 말했다.

"말하기 고수 떡볶이 삼촌!"

회의의 목적
- 의견 수렴을 통한 문제 해결

"네가 현우구나! 나은이한테 얘기 들었어."

"아, 안녕하세요."

현우가 어색하게 인사했다. 떡볶이집에 회의 잘하는 방법에 대해 알려 줄 사람이 있다니! 세상에서 떡볶이가 제일 좋다는 나은이 삼촌이 정말 말하기 고수가 맞을까? 그런 현우의 생각을 이미 예상했다는 듯 떡볶이 삼촌이 웃으며 이야기를 시작했다.

"떡볶이집에서 회의 잘하는 방법을 배울 수 있다니 이상하지? 하지만 우리 떡볶이집에서도 회의해. 아르바이트생들과 일주일에 두 번 아이디어 회의를 하고 있지."

"정말요? 삼촌은 회의를 진행하면서 힘들지 않으세요?"

"회의할 때는 전혀 힘들지 않아. 하지만 준비할 때는 좀 힘들지."

현우는 고개를 갸우뚱했다. 회의할 땐 힘들지 않은데 준비할 때는 힘들다는 말이 잘 이해가 가지 않았다.

"현우와 나은이는 회의의 목적이 뭐라고 생각하니?"

삼촌의 질문에 현우는 눈이 커졌다. 회의를 진행하는 것만 생각했지 회의의 목적에 대해 생각해 본 적이 없었기 때문이다.

"회의의 목적은 빨리 결론을 내는 것 아니야?"

나은이가 삼촌의 질문에 먼저 대답했다.

"그래? 그럼 굳이 왜 너희 반 아이들이 모두 모여서 학급 회의를 할까? 그냥 회장이나 선생님이 결정하면 5분도 안 걸릴 텐데 말이야."

삼촌의 말에 현우는 깜짝 놀랐다. 지금껏 회의에 참여하거나 회의를 진행할 때 현우는 나은이처럼 생각했었다. 빨리 결정을 내리는 게 가장 좋은 회의라고 말이다.

"그럼 회의의 목적이 결론을 내는 게 아니야?"

나은이의 물음에 삼촌은 미소를 지으며 말했다.

"물론 회의는 문제를 해결하고 결론을 내기 위해 하는 거야. 하지만 빨리 결론을 내고 문제를 해결하기 위한 건 아니야. 오히려 늦더라도 좀 더 나은 해결 방법을 찾으려고 노력하는 거지. 회의는 한 사람의 판단이나 생각보다는 많은 사람의 생각들이 모이면 더 나은 해결 방법을 찾을 수 있다는 믿음에서 시작됐거든. 회의의 목적도 바로 여기에 있어."

"전, 많은 생각이 모이면 더 좋은 해결 방법을 찾을 수 있다는 말을 못 믿겠어요. 우리 반을 보면 후유, 한숨부터 나온다니까요."

현우가 지난 회의를 떠올리며 고개를 절레절레 흔들었다.

"맞아. 회의는 여러 사람의 생각들을 모아야 하니까 쉽지 않아. 그래서 회의를 잘하기 위해서는 회의 준비가 매우 중요해. 어떻게 하면 사람들의 생각을 잘 모아 최선의 해결책을 얻을 수 있을지를 고민하면서 준비를 하는 거지. 그렇게 차근차근 준비하면 누구나 회의를 잘할 수 있어."

삼촌의 말에 현우는 고개를 끄덕였다. 잘 준비해서 회의를 잘할 수 있다면 정말 최선을 다해 준비해 보고 싶었다.

"회의를 준비하기 전에 먼저 어떤 종류의 회의인지 확인해야 해. 회의는 크게 **의견을 모으는 회의**와 **결정을 내리기 위한 회의**가 있어. 두 종류에 따라 준비하는 것도 달라진단다."

"의견을 모으는 회의? 그건 뭐야?"

나은이가 궁금한 표정을 지었다.

"음, 너희 반에서 '우리 반 알림의 날' 행사에 관해 회의했던 걸 생각해 보자. 첫 회의부터 어떤 행사를 할지 결정하려고 했잖아. 어땠어. 회의가 잘 되었니?"

현우가 고개를 가로저었다.

"아니요. 알림의 날 행사가 뭔지도 모르고, 무조건 자기가 원하는 것만 주장하고……. 어휴……."

"만약, 그 회의 전에 먼저 우리 반에서 함께 하고 싶은 일들에 대해 의견을 물어보는 회의를 했다면 어땠을까? 그러면 아이들도 행사에 대해 좀 더 잘 알게 되고 친구들의 생각이 무엇인지도 알 수 있지 않았을까?"

"와, 삼촌 말대로 그런 회의가 있었으면 어제 같은 일은 없었을 거야!"

나은이가 놀란 표정을 지으며 외쳤다.

"그래. 의견을 모으는 회의는 결정을 내리기 위한 회의를 하기 전에 하는 회의야. 무조건 결정을 해야 하는 회의가 아니기 때문에 좀 더 자유롭고 부드러운 분위기에서 회의가 진행되지. 또 최대한 많은 사람의 생각을 모으는 것이 중요하기 때문에 회의를 준비할 때도 어떻게 하면 사람들의 의견을 모두 모을 수 있을지 고민하며 준비하는 것이 필요해. 어떻게 하면 사람들이 기발하고 다양한 아이디어를 낼까? 어떻게 해야 사람들이 회의 주제에 관해 관심을 가질까? 하고

고민하는 거지."

"잘 알겠어요. 그런데 어떻게 하면 아이들이 의견을 잘 낼 수 있죠? 지난번 회의 때 의견을 내는 사람들이 별로 없었거든요."

현우의 말에 삼촌이 질문했다.

"현우야, 넌 사람들이 회의에서 자기 의견을 잘 내지 않는 이유가 뭐라고 생각하니?"

"삼촌, 난 내 의견이 다른 사람들의 비웃음거리가 되면 어쩌나 하는 생각이 들어. 그래서 회의할 때 확실하지 않으면 의견을 잘 내지 못해."

나은이가 나서서 말을 꺼냈다.

"나은이 말이 맞아. 그런데 만약 누구나 자유롭게 의견을 낼 수 있고 누구도 내 의견에 대해 비웃지 않는 회의가 있다면 어떨까? 훨씬 많은 사람이 다양한 의견을 내지 않을까?"

삼촌에 말에 현우와 나은이가 고개를 끄덕였다.

"그래서 의견을 모으는 회의에서는 누구나 자기 생각을 말할 수 있도록 준비를 한단다. 대표적인 방법으로 브레인스토밍과 브레인 라이팅이 있어. 브레인스토밍은 회의 참가자가 생각나는 대로 다양한 의견을 말하는 거야. 이때 다른 사람들은 절대 그 의견을 비난하지 않아. 모든 의견에 대해 격려해 주는 거지. 아주 이상하고 엉뚱한 생각이라도 괜찮아. 누구나 의견을 내는 분위기를 만들기 위해서야."

"오, 그러면 누구나 자신감을 가지고 이야기할 수 있겠네요."

현우의 눈이 반짝였다.

"맞아. 브레인 라이팅은 말 대신 글로 의견을 내는 거야. 이 방법을 쓰면 사람들 앞에서 말하는 것을 어려워하는 사람도 자신의 의견을 낼 수 있지. 작은 쪽지에 회의 주제와 관련된 내 생각을 쓰면 회의를 진행하는 사람이 그것을 모아서 정리하고 발표하는 거지. 그

속에는 서로 같은 내용도 있고 다른 내용도 있겠지? 이것들을 정리하다 보면 사람들이 회의 주제에 대해 어떤 생각을 하고 있는지 쉽게 알 수 있어. 그리고 말주변이 없어 자기 생각이 있어도 잘 표현하지 못하는 사람들의 의견도 들을 수 있지."

"와, 우리 반에서 쓰면 딱 좋겠다!"

나은이가 손뼉을 쳤다. 현우도 머릿속에 환한 불 하나가 켜진 듯했다.

브레인스토밍과 브레인 라이팅

　브레인스토밍은 많은 사람의 창의적인 아이디어를 모을 때 사용할 수 있는 방법이에요. 브레인스토밍은 자유롭고 편안한 분위기에서 진행하며 질보다 양을 우선시해요.

　아이디어는 많을수록 좋아요. 진행자는 주제와 관련된 아이디어를 자유롭게 말하게 하고 그 내용을 적어요. 아이디어를 말할 때는 좋은 아이디어인지 아닌지 평가하지 않고 무조건 격려해 줘요.

　30~40분 정도 아이디어가 모이면 브레인스토밍을 멈추고 나온 아이디어들 중에서 의미 있는 아이디어를 모아요.

　브레인 라이팅은 말하기를 어려워하는 사람들을 위해 개발된 방법이에요. 진행자는 참가자들에게 주제에 대한 아이디어 세 가지를 종이에 써 달라고 요청해요.
　이렇게 써서 나온 아이디어들을 참가자들에게 확인하게 한 뒤, 진행자는 아이디어들을 정리하여 보여 주고 참가자들이 그중에서 가장 좋은 아이디어를 회의를 통해 정하는 방식이에요. 많은 사람들로 이루어진 집단에서 아이디어를 내기 위해 흔히 사용하는 기법이에요.

회의 진행자의 역할?

"삼촌 말대로 의견을 모으는 회의를 충분히 하면 회의 결과도 좋아지겠네요. 그런데 저희 반 회의 시간은 일주일에 딱 한 번뿐이라서 결정할 내용이 많아요. 그럴 땐 어떻게 하면 좋아요?"

"그땐 안건을 빨리 듣고 어쩔 수 없이 다수결로 결정해야 하는 거 아니야?"

나은이의 말에 삼촌이 고개를 저으며 말했다.

"아니야, 어쩔 수 없이 빨리 결정을 내려야 하는 회의라고 해도 사람들이 회의 내용을 제대로 알 수 있도록 도와주어야 해. 그것을 위해서 '정보 제공', '사전 의견 수렴', '결정할 내용 정리하기'가 필요해.

먼저, 정보 제공은 회의에 참석하는 사람들에게 미리 관련된 정보를 충분히 주는 걸 말해. 회의 내용을 정확히 모르면 관심도 없고 회의에 적극적으로 참여할 수 없잖아. 그래서 회의 내용과 관련된 정보를 사전에 참석자들에게 주는 거야. 회의의 목적과 결정해야 할 내용도 알려 주고 말이야. 예를 들어 '우리 반 알림의 날 행사'가 정확히 무엇이고 그 행사에서 어떤 일을 할 수 있는지에 대한 정보를 충분히 주었다면 사람들이 회의에 더욱 쉽게 참여하겠지? 오늘 회의에서 어떤 것을 결정해야 하는지도 알려 주면 더 좋고 말이야. 적어도 회의 시작 한 시간 전에 정보를 미리 전달해 주면 사람들은 회의 내용을 더 잘 이해할 수 있고 자기 생각도 정리할 수 있어.

두 번째로 사전 의견 수렴을 먼저 하면 회의를 좀 더 수월하게 할 수 있어. 단순히 의견을 물어 결정해도 되는 일들, 예를 들어 시간이나 장소, 날짜를 결정하는 것은 미리 의견 수렴을 하고 회의 때 발표만 하면 회의 시간을 줄일 수 있지. 요새는 스마트폰이나 인터넷을 이용해서 쉽게 투표 프로그램을 사용할 수 있잖아. 이 프로그램을 이용하여 미리 사람들의 의견을 모으면 회의 시간은 많이 줄어들 거야.

마지막으로 회의를 진행하는 사람의 능력이 필요한 부분인데 회의에서 결정할 내용을 정리하는 거야. 어떻게 정리하냐고? 회의 내용 중 오늘 꼭 결정해야 할 내용과 중요하게 결정할 내용이 무엇인

회의 시간 1시간 전
'관련 정보 미리 전달'

참여   참여

사전 의견 수렴

시간·장소·날짜 등

"오늘 결정해야 할 내용"

지 살펴 회의 순서를 정하는 거지. 이렇게 정리하면 회의 내용을 정확히 파악할 수 있고, 회의가 산만해지는 걸 막을 수 있어."

"저는 회의 진행자는 그냥 순서대로 진행만 하면 되는 줄 알았어요. 그런데 회의 전에 이렇게 많은 준비가 필요하다니! 정말 진행자의 역할이 중요하군요."

현우의 말에 삼촌이 고개를 끄덕였다.

"맞아. 회의 진행자가 어떤 준비를 하느냐에 따라 어떤 회의가 되는지도 달라지니까 말이야. 그런데 회의 진행자는 회의 준비뿐만 아니라 진행할 때도 중요한 역할을 해. 잘 들어 주기, 발표한 내용들 정리하기, 결정 방법 선택하기, 결정한 내용 확인하기 등을 해야 하거든."

"휴, 엄청나게 많네. 내가 학급 회장 선거에 안 나간 게 얼마나 다행인지 모르겠어."

나은이가 한숨을 내쉬며 현우를 보았다. 그동안 현우가 느껴 온 어려움의 무게가 전해지는 듯했다.

"그래, 나은이 말대로 회의 진행자의 역할은 매우 어려워. 하지만 그 역할 덕분에 지금까지 사람들은 회의를 통해 여러 의견을 하나로 모으고 최선의 해결책을 찾아 왔어. 그래서 회의 진행자는 매우 중요하고 그만큼 의미 있는 역할이지."

현우는 삼촌의 이야기를 듣고 곰곰이 생각에 잠겼다. 그전에는 회의하는 게 버겁고 힘들기만 했다. 그래서 언제나 자신이 학급 회장이니까 억지로 하는 것으로 생각했다. 그런데 회의 진행자가 사람들의 생각을 모으고 최선의 해결책을 찾아 가는 데 매우 중요한 역할을 하는 사람이라고 생각하니, 회의 진행자로서 잘해 보고 싶은 마음이 조금씩 자라나기 시작했다. 현우는 삼촌 쪽으로 의자를 가까이 붙이며 물었다.

　"삼촌, 잘 들어 주기는 어떻게 하는 거예요?"

　"잘 들어 주기 위해서는 집중해서 들어야 해. 말의 내용뿐 아니라 말하는 동안의 감정도 잘 살펴야 하지. 또 회의 진행자는 의견을 말하는 사람과 눈을 맞추며 의견을 말하는 내내 잘 들어 주고 있다는 모습도 보여야 해. 고개를 끄덕이거나, '네, 그렇군요.'라고 호응해 주는 말도 해 주면 더 좋지. 그러면 '사람들이 내 이야기를 잘 들어 주는구나!'라는 생각이 들어 더욱 용기를 내 의견을 말할 테니까 말이야."

　현우는 삼촌의 설명처럼 고개를 끄덕이며 삼촌의 말에 집중했다.

　"회의 진행자는 사람들의 의견을 정리하는 것도 중요해. 말로 자기 생각을 표현하는 것은 쉬운 일이 아니거든. 그래서 자기 의견을 말하는 것이 서툰 사람들이 많아. 너무 길게 말하거나 똑같은 말을 반복할 때도 있고 주제를 완전히 벗어날 때도 있지. 그럴 땐 회의 진행자가 지금까지 정리된 내용을 모두에게 알려 주면 도움이 되겠지?"

"와, 사람들의 의견을 잘 듣기도 어려운데 그 내용을 정리해서 알려 주어야 해? 너무 힘들다."

나은이가 또 한 번 고개를 절레절레 흔들었다. 삼촌은 그럴 줄 알았다는 듯 살며시 미소를 지었다.

"맞아. 하지만 중간중간 의견들을 정리하지 않으면 결정되는 과정을 이해하기 어려울 수 있어. 그래서 비슷한 의견들은 하나로 묶고 서로 다른 의견들은 따로 정리해서 사람들에게 알려 주는 거지. 이렇게 하면 사람들이 회의 내용이 어떻게 진행되는지 빨리 이해하고 훨씬 쉽게 회의를 진행할 수 있는 거야. 이런 정리를 위해서 회의 진행자는 메모가 꼭 필요해. 회의 참가자들의 의견을 잘 듣고 정리하는 데 도움이 되니까 말이야."

"삼촌 말을 들으니까 제가 하는 일이 뭔가 중요하고 꼭 필요한 역할인 것 같아요."

현우가 뭔가 깨달은 듯이 말했다. 현우의 달라진 모습을 보니 나은이는 현우를 삼촌에게 데려오길 잘했다는 생각이 들었다. 나은이가 삼촌에게 물었다.

"그럼 결정 방법을 선택한다는 건 뭐야?"

"너희는 다수결이 어떤 건지 알고 있지?"

"응, 회의에서 무언가를 결정할 때 다수의 의견에 따라 결정하는 걸 말하잖아."

삼촌의 물음에 나은이가 똑 부러지게 대답했다.

"잘 알고 있구나. 이 다수결이란 결정 방법은 매우 쉬운 방법이지만 마지막 수단으로 써야 하는 방법이야. 무조건 다수결로 결정하면 문제를 제대로 해결할 수 없기 때문이야."

"다수결은 제일 많은 사람이 좋다고 한 의견으로 결정하는 거잖아요. 의견이 갈라졌을 땐 다수결로 하는 게 가장 좋은 방법 아닌가요?"

현우의 말에 삼촌은 고개를 저었다.

"만약 너희 반에서 회의할 때 다수결로 12명이 찬성하고 10명이 반대를 했다고 해 보자. 그럼 다수결로 결정하는 것이 가장 좋은 방법이니 무조건 찬성으로 결정하는 게 맞을까? 10명의 의견은 무시해도 좋을까?"

삼촌의 물음에 현우와 나은이는 선뜻 대답을 못 했다.

"다수결이 마지막 결정 수단이어야 한다는 건 바로 이 때문이야. '소수의 의견은 무시해도 될까? 그렇게 결정한 것이 정말 올바를까?'라는 문제가 항상 남기 때문이지. 그래서 회의 진행자는 최대한 사람들의 의견을 모으고 모든 사람이 이해할 수 있는 결과를 얻기 위해 노력해야 해. 보통 학교에서 학급 회의를 하는 걸 보면 학급 회장이 회의 내용을 알려 주고 의견을 묻고 무조건 다수결로 결정하는 경우가 많은데, 그렇게 바로 다수결로 결정해 버리면 소수의 불만은 계속 쌓여 갈 수밖에 없을 거야."

"결정을 단순히 다수결로 하면 안 되는 거구나! 그럼 어떻게 하면 되는데?"

삼촌은 두 아이의 모습이 기특해서 배시시 웃음이 나왔다.

"회의에 참여한 모든 사람이 만족할 만한 결정이 무엇인지 끊임없이 생각한다. 이게 회의 진행자의 가장 바람직한 자세야. 회의 참석자들이 찬성과 반대로 나누어져 있어도 어느 쪽이 더 옳다고 단정해 버리지 않고 서로의 장단점을 보완할 수 있는 해결 방법은 없는지 찾는 거지. 그러다 보면 회의 참가자들도 자신과 다른 의견이 있는 사람들을 이해할 수 있겠지? 그런 과정을 거쳐도 해결이 안 될 때, 그때 다수결이라는 최후의 수단을 선택해야 하는 거야."

삼촌의 이야기를 들을수록 현우는 회의 진행자로서의 자신의 역할이 매우 크다는 것을 알게 되었다.

"마지막으로 회의 진행자는 참석자들에게 결정 내용을 다시 전달해 주어야 해. 회의를 통해 어떤 것이 결정되었고, 아직 결정되지 않은 것은 어떤 것인지 알려 주어야 참가자들이 회의를 통해 얻은 결론을 이해하고 다음 회의에 더욱 적극적으로 참여할 수 있게 되거든."

"후유, 정말 회의 진행자는 할 일이 많구나! 그럼 참가자들은? 그냥 회의에 참여하기만 하면 되는 거야? 설마 참가자의 역할도 회의 진행자만큼 많은 건 아니겠지?"

나은이가 한숨을 쉬며 물었다.

"아니, 참가자들도 좋은 회의를 위해 노력해야 해. 먼저, 자기가 말할 내용을 핵심만 간결하게 정리해서 말하는 게 좋아. 그게 어려우면 종이에 적어 놓는 것도 방법이지. 그리고 누군가 의견을 말하고 있으면 그 의견을 끝까지 들어야 한다는 점도 중요해. 아무리 내 의견이 옳다고 생각해도 다른 사람의 의견에 대해, '그건 잘못되었는데요?', '그건 틀렸는데요?'라는 식으로 반응하는 것은 잘못된 태도야."

"그럼 어떻게 말해야 해?"

나은이가 볼멘소리로 물었다.

"'저는 생각이 다릅니다. 제 의견은 조금 다른데요.' 또는 '그 의견도 좋지만, 이 부분을 바꾸면 더 좋을 것 같습니다.'라고 말하는 게 좋아. 그래야 상대방도 내 의견을 잘 받아들이려고 노력하겠지? 회의는 말싸움이 아니야. 서로의 의견이 다를 수 있고 다른 사람의 의견도 내 의견만큼 중요하고 소중하다는 걸 인정해서 서로의 의견을 모아 최선의 해결 방법을 위해 함께 노력하는 일이야. 함께 문제를 해결하기 위해 힘을 모으는 것, 그게 회의의 가장 중요한 목적이라는 걸 잊으면 안 돼."

삼촌의 말에 현우가 뭔가 자신감이 차오른 듯 말했다.

"네, 알겠어요. 제대로 된 회의를 위해 저도 노력해 볼게요. 나은이 너도 도와줄 거지?"

"당연하지! 나도 좋은 회의 참가자가 되려고 노력할게."

나은이가 힘차게 고개를 끄덕였다.

나와 다른 사람을 인정하고 존중해서 함께 문제를 해결해 나가는 것이 회의라는 삼촌의 설명을 듣고 나니 나은이는 삼촌이 말한 '말하기는 좋은 사람이 되는 과정'이라는 말의 의미를 조금은 알게 된 것 같았다. 그리고 앞으로 새롭게 준비하는 현우의 학급 회의가 몹시 기대가 되었다.

연우, 새로운 회의를 시작하다

"지금부터 학급 회의를 시작하겠습니다. 오늘 안건은 '우리 반 알림의 날 행사'를 결정하는 것입니다. 먼저 안내해 드린 회의 자료는 다 읽어 보셨지요?"

현우의 물음에 반 아이들이 "네!" 하고 대답했다.

"그럼 사전 설문 결과를 발표하겠습니다. 여러분들이 '우리 반 알림의 날 행사'에서 알리고 싶은 내용에 대해 답변해 주신 걸 보면 1위는 '우리 반의 우정'이 가장 많았고, 2위는 '우리 반 학생들의 재능'이었습니다. 설문 결과를 보시면서 의견을 모아 주시면 감사하겠습니다."

소미가 손을 번쩍 들었다.

 "우리 반에서 하고 있는 마니또 행사를 알리면 좋을 것 같습니다. 지난 3월부터 계속해 온 이벤트이고 덕분에 우리 반 친구들이 매우 친해졌습니다."

 소미가 발언을 하는 동안 현우는 고개를 끄덕이며 집중해서 소미의 의견을 들었다. 그리고 현우는 소미의 발언을 간단히 줄여서 말해 주었다.

 "소미의 의견은 우리 반 친구들의 우정을 키우게 된 마니또 행사를 소개하자는 의견이었습니다. 다른 의견이 있으면 이야기해 주세요."

 "우리 반 친구들의 장기를 소개하는 영상을 만들면 어떨까요? 각자의 장기를 잘 소개하면 행사 의미에도 맞고 재미있을 것 같습니다."

태민이가 의견을 내었다. 미리 회의 자료를 준비하고 사전 설문을 하니 회의에 참석한 아이들도 좀 더 적극적으로 의견을 내 주었다.

"좋은 의견들 감사합니다. 행사 내용을 다수결로 결정하기보다 지금까지 나온 의견들을 포함할 수 있는 방법을 고민해 보면 어떨까요?"

현우가 제안했다. 현우는 회의에서 아이들의 의견을 잘 들으려고 노력했고, 그러다 보니 하나하나의 의견을 무시하고 무조건 다수결로 결정하는 것보다는 좀 더 많은 친구의 의견을 모을 수 있는 방법을 찾고 싶어졌다.

"그럼 우리 반 마니또 행사와 친구들의 장기를 함께 알리는 영상을 제작하면 어떨까요? 그러면 모든 친구의 좋은 의견들을 다 담을 수 있을 것 같아요."

나은이의 의견에 현우가 고개를 끄덕였다.

"나은이의 의견대로 마니또 행사와 장기 자랑을 바탕으로 우리 반 소개 영상을 만들면 여러분들의 의견이 모두 녹아 있는 의미 있고 좋은 콘텐츠가 만들어지겠네요. 다른 분들의 의견은 어떤가요?"

"찬성이에요! 찬성!"

아이들이 모두 동의했다. 지난주에 엉망진창으로 끝난 회의가 이렇게 깔끔하게 정리되다니, 현우는 믿을 수가 없었다. 준비를 잘하고 참가자들의 의견을 소중하게 생각하는 것의 중요성을 새삼 느낄 수 있었다.

"오늘 안건은 모두의 찬성으로 결정되었습니다. 이상으로 회의를 마칩니다!"

현우는 밝게 웃으며 의사봉을 힘껏 내리쳤다.

계속 늘어지는 회의는 어떻게?

★ 피자 두 판의 법칙

회의에 참여하는 사람이 많으면 회의 시간은 늘어질 수밖에 없어요. 오래 회의한다고 해서 다수가 동의하는 최적의 해결 방법을 찾을 수 있는 것은 아니에요.

세계적인 인터넷 쇼핑몰의 창업자인 제프 베이조스는 회의의 참가자 수가 너무 많으면 회의의 효율성이 떨어지기 때문에 최대 피자 두 판을 먹을 사람들의 수 정도가 적당하다고 말했어요. 즉 16명 정도가 효율적인 회의를 할 수 있는 인원이라는 뜻이지요.

만약 회의 참가자가 16명이 넘는다면 어떻게 회의하면 좋을까요? 그럴 땐 2~3그룹으로 인원을 나누어서 회의하는 게 더 효과적이랍니다.

★ 회의에서 빠르게 결정해야 할 땐, 타이머

시간   분   초
00 : 40 : 00

빠르게 처리해야 할 회의라면 긴장감 있게 회의하는 것도 필요해요. 세계적인 인터넷 회사 구글은 타이머를 이용하여 회의에서 남은 시간을 알려 주는 방법을 사용한다고 해요.

타이머는 시간이 얼마 남았는지 보여 주는 시계로, 회의 참가자들에게 회의의 남은 시간이 얼마인지 알려 줌으로써 좀 더 집중력 있고 빠르게 회의에 참여할 수 있도록 도와줘요. 타이머를 이용하면 한정된 시간 내에 자신의 의견을 더 일목요연하게 말하려고 노력하게 되고, 다음 수업이나 업무 시간까지 회의가 연장되지 않도록 해 주지요.

'바른 말과 형식'으로
멋지게 설득하기

토론

소미, 고민이 생기다

"민지야, 잠깐만!"

소미가 민지를 불러 세웠지만, 민지는 뒤도 안 돌아보고 휘적휘적 앞으로 가기만 했다.

"야, 송민지! 그건 그냥 토론이잖아!"

소미가 애타게 소리쳤지만, 여전히 민지는 마치 아무 소리도 들리지 않는 것처럼 소미에게서 멀어져 갔다. 소미는 그 모습을 그저 멍하니 바라볼 수밖에 없었다. 문제의 발단이 된 건 오늘 1교시에 있었던 토론 시간이었다.

"그럼 지금부터 초등학생의 머리 염색에 대한 찬반 토론을 진행하겠습니다."

　선생님의 말씀과 함께 토론이 시작되었다. 소미는 초등학생의 머리 염색에 대해 찬성하는 팀이었고, 민지는 반대 팀을 맡았다.
　"어차피 소미네가 이길 거야. 우리 반에서 소미만큼 말 잘하는 애가 어딨니?"
　친구들의 평가처럼 소미는 토론엔 자신 있었다. 학교에서 소미만큼 말을 논리적으로 잘하는 사람이 몇 명이나 있을까? 게다가 이미 소미는 학교에서 열리는 토론 대회에 반 대표로 나갈 정도였다. 그래서 반 아이들도 처음부터 이번 토론의 승리는 소미네 팀이라고 생각했던 것이다.
　"초등학생도 자신을 표현할 권리가 있습니다. 머리 염색을 금지하는 것은 명백한 인권 침해입니다. 머리 염색을 반대하는 건 학생들의 인권을 침해해도 좋다는 말과 다름없습니다."
　소미가 주장을 마치자, 민지도 일어나서 이야기를 시작했다.
　"우리는 무조건 머리 염색을 금지해야 한다는 게 아니……."
　"그럼 학생들의 인권이 침해되는 것에 찬성하는 것입니까?"
　"아니 그게 아니라……."
　"반대 팀은 지금 자기주장도 논리적으로 설명하고 있지 않습니다."

소미는 계속해서 민지네 팀을 몰아붙였다. 소미는 지원이를 가리키며 말했다.

"지금 보니 반대 팀에는 머리를 염색한 사람이 있네요. 본인들은 머리를 염색하면서 초등학생은 머리를 염색하면 안 된다고 주장하는 건가요? 학생 인권을 침해해도 된다고 주장하는 반대 팀의 논리는 매우 잘못되었습니다."

사정없이 몰아세우는 소미의 말잔치에 민지네 팀은 거의 아무 말도 하지 못한 채, 토론은 끝나고 말았다.

"와, 역시 토론은 소미가 짱이야! 말싸움에서 누구도 소미를 이기지 못해!"

반 아이들이 소미를 치켜세웠지만, 소미는 기분이 좋지 않았다. 머릿속에는 자신이 애타게 불러도 그냥 가 버린 민지의 차가운 뒷모습만이 계속 남아 있었기 때문이었다.

'그냥 난 토론에 최선을 다했을 뿐인데……. 왜 이렇게 된 거지?'

소미는 아무리 생각해도 그 이유를 알 수 없었다. 학교가 끝나면 소미는 늘 단짝 친구인 민지와 함께 집에 가곤 했는데 지금은 소미 혼자였다. 자신이 한 토론 방법이 잘못된 것일까? 토론은 말싸움이고 이기기 위해서 최선을 다해야 하는 것으로 생각했는데, 결과가 이렇게 돼 버린 것을 소미는 이해할 수 없었다. 그때 문득 전에 나온

이가 했던 말이 떠올랐다.

"우리 삼촌에게 배웠어. 우리 삼촌은 말하기 고수거든."

'오늘 나은이가 청소 당번이었지?'

소미는 몸을 돌려 곧바로 교실을 향해 달렸다. 그러곤 빗자루를 들고 복도를 쓸고 있던 나은이 앞에 우뚝 섰다.

"소미야, 왜? 무슨 일 있어?"

나은이가 놀란 눈으로 소미를 바라보았다. 소미의 얼굴이 울상으로 일그러져 있었다.

소미가 나은이의 팔을 잡더니 다급한 목소리로 말했다.

"지금 나에게 네 삼촌의 도움이 필요해."

토론의 목적
- 나와 생각이 다른 사람들과 함께 문제 해결하기

"그러니까 토론 시간에 네가 뭘 잘못한 건지 알고 싶다는 말이지?"

삼촌은 의자에 걸터앉아 떡볶이집을 찾은 세 명의 아이들을 바라보았다. 소미와 나은이 그리고 두 사람의 이야기를 듣고 같이 따라온 현우였다.

"전 수업 시간에 최선을 다해서 토론했을 뿐이에요. 그래서 토론도 이겼는데 이상하게 하나도 기쁘지 않아요. 이기면 뭐 해요. 이젠 민지하곤 인사도 안 하는 사이가 되었는걸요."

소미의 이야기를 찬찬히 듣고 난 뒤에 삼촌은 아이들에게 물었다.

"너희들은 토론이 뭐라고 생각하니?"

"토론은 상대 팀을 이기기 위한 말싸움 아닌가요?"

소미가 말하면서 어깨를 한 번 으쓱해 보였다.

말은 하지 않았지만 다른 아이들도 소미와 비슷한 생각을 하고 있었다. 토론은 항상 찬성 팀과 반대 팀으로 나누어져 있고 서로 자신의 주장이 옳다는 것을 논리적으로 말하는 것이기 때문이다.

"너희 말처럼 토론이 상대를 이기기 위한 말싸움이라면 토론을 하는 목적은 무엇일까?"

"그거야 말싸움에서 승리하는 거 아냐?"

나은이가 대답했다.

"그래? 만약 토론이 내가 다른 사람보다 말을 더 잘한다는 것을 알리기 위해서라면 그냥 '누가 누가 말 잘하나 대회'를 하면 될 텐데 왜 토론에서는 찬성과 반대, 양 팀으로 나누고 서로의 주장을 듣는 걸까? 그냥 말싸움이라면 높임말을 쓰거나 일정한 순서를 지켜서 말할 필요도 없잖아. 안 그래?"

"그럼 토론의 목적은 뭐예요?"

현우가 물었다.

"**토론은 한 가지 문제에 대해 서로 다른 주장을 들어 보고 올바른 해결 방법은 무엇일지를 생각해 보기 위해 만들어진 공식적인 말하기야.** 그러니까 토론에서 나와 반대되는 주장을 하는 사람은 나의

적이 아니라 함께 문제를 해결해 나갈 동반자라고 할 수 있지."

"하지만 토론은 분명히 상대방의 생각이 잘못된 것이라고 주장하는 거잖아요. 그런데 어떻게 적이 아닐 수 있어요?"

소미가 이상하다는 듯 고개를 갸웃거렸다.

"그래? 그럼 너희의 토론 주제였던 초등학생 염색 문제를 한번 생각해 볼까? 어떤 사람들은 초등학생이 염색하는 것이 문제라고 생각하는 사람들이 있어. 또 어떤 사람들은 개인의 자유인데 초등학생의 염색은 스스로 결정해야 하는 게 아니냐고 말하는 사람들도 있겠지. 그런데 만약 서로의 주장에 대해 귀를 막고 내 말이 무조건 맞다고 한다면 그건 올바른 것일까?"

삼촌의 물음에 아이들은 일제히 고개를 저었다.

"너희가 토론한 이유는 초등학생 염색 문제에 대해 서로 반대되는 주장을 살펴보고 각자가 왜 이런 생각을 하는지, 서로의 고민은 무엇인지를 알아보기 위해서야. 이것을 통해 문제를 해결하기 위한 제일 나은 방법은 무엇일지를 찾아 보는 거지. 토론의 목적은 바로 여기에 있어. 이번 토론에서 너희 모둠이 승리했으니 초등학생 염색 문제는 이제 해결되는 걸까? 아니야, 여전히 찬반 의견이 있는 사람은 있을 거야. 단지 말싸움에서 이겼다고 그 주장이 모두 올바른 해결 방법인 것도 아니고 말이야."

"하지만 삼촌, 텔레비전 토론을 보면 상대방이 꼼짝 못 하게 쏘아붙이면 말을 잘한다고 하잖아. 그런 토론은 잘못된 거야?"

나은이가 아직 잘 모르겠다는 듯이 궁금한 표정을 지었다.

"텔레비전 토론에서는 찬반 양쪽에서 서로를 공격하고 싸우는 걸 자주 보여 줘. 그런 걸 보여 줘야 시청률이 오르니까. 만약에 텔레비전에서 초등학생 염색 문제에 관해 토론한다고 해 보자. 그런데 염색을 반대하는 사람이 말싸움을 너무 잘해서 염색을 찬성하는 사람이 한마디도 못 하고 꼼짝없이 당하는 걸 소미가 시청했다면 소미 너는 그 토론회를 보고 '초등학생 염색은 금지해야 하는구나!'라고 생각하게 될까?"

"아니요! 제 생각은 절대 변하지 않을 거예요. 초등학생 염색 완전 찬성!"

소미가 주먹 쥔 팔을 흔들며 소리쳤다.

"맞아. 사람들은 대개 토론회에서 나랑 생각이 다른 쪽이 말을 더 잘해서 승리해도 무조건 자기 생각을 바꾸지 않아. 그냥 '내 생각과 반대로 주장하는 사람이 말싸움을 잘하는구나.'라고 생각할 뿐이지. 그런 토론이 의미가 있을까? 결국 토론에서는 이겼을지 몰라도 문제는 해결되지 않은 아무 쓸모 없는 토론을 한 셈이지. 그런데 만약 염색을 반대하는 쪽에서 상대방을 이기기 위해 노력하는 것이 아니

라 설득하기 위해 노력했다면 어떨까? '우리가 걱정하는 염색의 문제점들이 해결된다면 우리도 염색에 대해 찬성할 수 있어요.'라고 말한다면 말이야. 그럼 무조건 찬성을 외치는 사람들도 반대를 주장하는 사람의 고민을 인정할 수 있지 않을까?"

소미는 삼촌의 말에 한동안 말이 없었다. 그동안 소미는 토론을 준비하면서 어떻게 하면 토론에서 이길 수 있을지에 대해서 고민했다. 그래서 토론에서 이길 수 있는 공격적인 주장이 무엇인지에 대해서만 생각했다. 만약 소미가 친구인 민지를 설득할 방법을 고민했다면 토론의 모습은 많이 달라졌을 것이다.

"토론은 내 주장이 옳고 너의 주장은 틀렸다는 걸 밝혀내는 과정이 아니야. 내 주장과 다른 주장을 하는 사람들도 있다는 것을 인정하고 서로를 설득하기 위해 노력하며 가장 올바른 방식의 해결 방법이 무엇인지 함께 찾아 가는 과정이야. 그래서 **서로의 주장을 존중해 주어야 하고 나의 주장이 완벽하지 않다는 것도 인정해야 해**. 그래서 토론의 참가자들을 적이 아니라 문제 해결의 동반자라고 말하는 거야."

"삼촌 이야기를 들으니 제가 잘못한 것 같아요. 민지에게 꼭 사과해야겠어요."

소미가 고개를 푹 숙였다.

"너무 자책하지는 마. 삼촌도 예전에 그런 실수를 했거든. 대학생

때 삼촌은 사람들 앞에서 말도 잘하고 토론도 잘하는 사람으로 꽤 유명했어. 그런데 대학 토론 대회에서 소미처럼 친한 친구와 반대편에 서 있었지. 그때 삼촌도 이기는 게 중요하다고 생각했어. 그래서 친구를 무지막지하게 공격했지. 토론이 끝나고 나서야 친구에게 상처 주는 말들을 많이 했다는 걸 깨달았지만 이미 늦었지. 그때 크게 반성하고 나서부터 삼촌은 말하기가 현란한 기술을 배우는 게 아니라 좋은 사람이 되어 가는 과정이라는 걸 알게 되었단다."

삼촌이 미소를 지었다. 나은이는 침울해 있는 소미의 어깨를 두드려 주며 말했다.

"다음 주에도 토론이 있잖아. 이번에는 이기기 위한 토론이 아니라 설득하기 위한 토론을 해 보자! 도와줄 거지, 삼촌?"

"하하! 이거 나은이 말에 설득당하지 않으면 안 되겠는걸?"

나은이의 애교 섞인 말투에 삼촌은 웃음을 터뜨리며 고개를 끄덕였다.

토론, 어떻게 하면 잘 설득할까?

"자, 그럼 먼저 토론을 준비하는 것부터 생각해 볼까? 일단 찬성과 반대 중 자신이 주장할 내용을 정해야겠지? 그 이후에는 내 주장을 잘 설득할 수 있는 자료를 찾아야 해. 내 주장에 대한 근거가 될 수 있는 신문 기사, 역사적인 사건이나 기록 등을 찾아봐야겠지. 구체적이고 적확한 근거가 있을수록 설득하기 쉬우니까 말이야. 당연히 관련 자료의 내용을 이해하지 않으면 설명할 수 없으니까 내가 무슨 내용인지 정확히 이해한 자료를 근거로 사용해야 해."

삼촌이 말을 시작하자 세 아이는 놓칠세라 꼼꼼히 공책에 적었다.

"토론할 때 주장에 대한 내 근거 자료를 따로 간단히 적어 놓으면 토론할 때 매우 도움이 돼. 토론하다 보면 긴장하거나 흥분해서 내가 주장하는 것의 핵심을 놓칠 수 있거든. 그럴 땐 나의 주장과 근거를 큐카드로 작성하는 것도 좋아."

"발표할 때 사용한 큐카드 말이지?"

나은이의 물음에 삼촌이 고개를 끄덕였다. 아는 내용이 나오자 나은이는 귀를 더 쫑긋 세웠다.

"나의 주장에 대한 근거를 준비했다면 이제 상대편 주장의 근거는 어떤 것일지도 예상해 봐야 해. 이때도 단지 이기기 위한 준비라고 생각하지 말고 '반대 주장을 하는 사람들은 어떤 고민에서 이런 주장을 펼치게 된 걸까?'를 생각해 보는 게 좋아. 그렇게 상대방의 주장을 살펴보면 상대의 주장에서 나도 동의할 수 있는 게 있는지, 상대편이 내 주장에서 동의할 내용은 없는지를 살펴볼 수 있어. 말했다시피 토론은……."

"이기기 위한 말싸움이 아니니까. 그렇죠?"

현우가 씩 웃으며 말했다.

"훌륭해! 자, 이제 토론 준비가 다 되었으면 실제 토론을 가정해 볼까? 보통 토론은 찬반 양쪽에 주장할 수 있는 시간을 똑같이 정해 줘. 그 시간을 최대한 이용해서 설득하려면 어떻게 말해야 할지 생각해야 해. 연습할 때 타이머를 이용하면 남는 시간이나 모자라는 시간 없이 말하는 것을 연습할 수 있어.

보통 양 팀에 세 번 정도의 주장할 기회들이 주어질 거야. 그럴 때, 첫 번째 발언은 우리의 주장과 근거를 명확히 알리기(주장 펼치기), 두 번째 발언은 상대방의 주장을 잘 듣고 우리 주장이 더 좋은 해결 방법이라는 것을 설득하며 말하기(반론하기), 그리고 마지막은 지금까지 토론 과정에서 나온 의견들을 바탕으로 주장을 보완, 정리하고 우리의 주장이 좀 더 합리적이고 타당함을 강조해서 말하기(주장 다지기)가 될 거야. 특히 두 번째, 세 번째 발언을 할 때는 상대방의 주장을 잘 듣고 살펴서 동의하는 점과 다르게 생각하는 점 등을 정리할 필요가 있어. 토론은 내 말만 하는 자리가 아니라 서로의 주장을 잘 살펴서 최선의 해결 방법을 고민하는 자리니까 말이야."

"알겠어요. 그럼 토론할 때 주의해야 할 점은 없나요?"

소미가 메모하다가 삼촌에게 물었다.

"좋은 질문이야. 토론하다 보면 나도 모르게 감정이 격해질 수 있어. 그래서 상대방을 공격하는 쉬운 방법을 찾게 되기도 하지. 이럴 때 내가 잘못된 토론 방법을 사용하고 있지는 않은지 살펴보아야 해. 흔히 저지르는 실수 중 하나는 나와 다른 주장을 하는 사람에 대해 공격하는 거야. '당신이 그런 주장을 할 자격이 있는가?'라고 공격하는 거지. 이것은 상대방 주장의 문제점을 이야기하는 게 아니라 말하는 사람을 공격하는 것이기 때문에 토론에서는 절대로 쓰면 안 돼."

아이들은 삼촌에게서 눈을 떼지 못했다.

"다음으로 허수아비 공격이라는 게 있어. 상대방의 주장을 부풀리거나 주장의 의미와 다르게 해석해서 공격하는 거지. 예를 들어 어떤 사람이 물을 아껴 쓰자고 주장했는데 이것에 대해 '그럼 아프리카에 배고픔과 가뭄에 시달리는 사람들에게도 물을 아끼라고 해야 합니까?'라고 말하는 식인 거야. 이 방법은 상대방을 이기기 위해 상대방의 주장을 나쁜 것으로 만들어 버려서 상대를 공격한다는 점에서 정정당당한 방법도 아니고, 상대방의 주장을 깊이 이해하지 않고 말한다는 점에서 토론의 기본이 안 된 매우 잘못된 방법이야.

유명한 사람의 힘을 빌려서 주장하는 것도 피해야 해. 만약 노벨상 수상자가 백인이 흑인보다 우월하다고 주장했다고 해서 그 말이 올바른 말일까? 아무리 유명한 사람이라도 모든 부분에서 완벽한 것은 아니야. 자기 분야가 아닌 부분에서 말한 내용은 잘못되거나 차별하는 말이 포함돼 있을 수도 있어. 단순히 유명한 누군가의 말이니까 무조건 맞다고 주장하는 것은 제대로 된 주장이 아니야."

삼촌의 설명을 듣고 소미는 한숨을 푹 내쉬었다.

"제가 토론에서 사용한 방법들은 모두 하면 안 되는 방법들이었네요. 그래 놓고 이겼다고 좋아했다니……."

"이제라도 제대로 된 토론을 준비하면 돼. 토론이 서로 다른 생각을 듣고 문제에 대한 다양한 해결 방법을 배우는 과정이라는 사실을 잊지 않는다면 다음 토론은 훨씬 의미 있는 토론이 될 수 있을 거야."

토론에서 사용하면 안 되는 방법들

토론에서 다음과 같은 방법은 사용하지 않아야 해요.

★ 인신공격

주장하는 '내용'이 아니라 주장하는 '사람'을 공격하는 거예요. 교통질서를 지켜야 한다고 주장하는 사람에게 "너는 지난번에 빨간불에 건널목을 건넜잖아!"라고 주장하는 식이에요. 이러한 방법은 주장이 올바른지에 대해 말하지 않고 주장하는 사람의 도덕성을 따지는 것이므로 올바르지 않은 방법이에요.

★ 허수아비 공격

상대방의 주장을 부풀리거나 나쁘게 해석해서 공격하는 방법이에요. "담배는 건강을 해치고 죽음에 이르게 할 수 있습니다."라는 주장에 대해 "담배 피우면 다 죽는다는 이야기냐?", "담배 피우는 사람이 모두 죽기를 바라느냐?" 등으로 공격하는 거예요. 이는 상대방의 주장을 왜곡해서 공격함으로써 상대방이 제대로 반박할 수 없게 만들어요.

★ 그릇된 권위에 대한 호소

유명한 사람들의 권위를 이용해서 그릇된 주장을 하는 방법을 말해요. 권위 있는 사람의 말을 근거로 제시하는 것은 토론의 한 방법이지만 유명한 사람이라고 해서 모든 면에서 올바른 주장을 하는 건 아니에요. '유명한 연예인이 광고하니 이 제품은 좋은 제품이야.'라고 생각하는 것도 바로 그릇된 권위를 이용하는 거예요.

★ 동정에 호소하기

논리적으로 설득하는 것이 아니라 동정심에 기대서 주장하는 것을 말해요. 예를 들어 "점심시간에 기다리는 건 정말 힘들고 배고파요. 그러니까 제가 먼저 점심을 먹게 해 주세요."처럼 주장하는 방법을 말해요.

소미, 토론에서 진짜 승리를 얻다

"지금부터 초등학생 머리 염색을 주제로 2차 토론을 시작하겠습니다."

소미는 1차 토론 때보다 더 열심히 토론을 준비했다. 지난번에는 무조건 토론에서 이기는 방법에만 골몰했다면 이번에는 달랐다. '어떻게 하면 상대 팀을 설득할 수 있지? 혹시 상대방의 주장 중에 내가 받아들일 수 있는 주장은 없을까?' 이런 생각을 하며 토론을 준비하니 상대 팀이 적으로 느껴지지 않았다.

"초등학생이 머리 염색을 할 수 있는 자유는 주어져야 합니다. 물론 초등학생들이 머리 염색을 하면 성인들보다 건강에 안 좋을 수 있다는 반대편의 주장에는 저희도 동의합니다. 그렇다고 무조건 머리 염색을 반대한다면 문제가 해결될까요? 건강을 해치지 않고 머리 염색을 자유롭게 할 수 있는 방법은 전혀 없을까요? 저희는 그런 점을 중심으로 주장을 펼치려고 합니다."

소미는 차분하게 자신의 주장을 이어 나갔다. 상대 팀을 공격하지도 깎아내리지도 않았고 상대 팀의 주장에서 납득할 만한 내용에 대해서는 고개를 끄덕이며 동의했다. 마지막 정리 주장을 하는 차례에서 소미는 민지를 보며 입을 열었다.

"머리 염색약은 보통 성인들을 기준으로 만들어진 경우가 많습니다. 만약 염색약이 어린이들도 쓸 수 있도록 좀 더 안전하게 만들어지면 어떨까요? 또 어린이들에게 머리 염색에 대해 좀 더 자세한 정보를 알려 주고 이를 통해 초등학생들이 스스로 선택할 수 있는 경험을 하게 해 준다면 염색약으로 생기는 문제는 최소화하면서 초등학생의 표현의 자유도 지켜질 거라고 생각합니다."

소미는 말을 마치고 자리에 앉았다. 민지도 소미의 말을 조용히 듣고 있었다.

"이번엔 소미가 좀 약하지 않았어? 지난번보다 재미없었어."
"맞아. 토론은 막 공격해야 맛인데 너무 싱거웠어."
"이번엔 소미네가 패배야, 패배!"

아이들은 저마다 한마디씩 했지만, 소미는 그런 말에 신경 쓰지 않기로 했다. 토론은 이기고 지는 것이 목적이 아니라는 걸 알았기 때문이다.

"소미야."

소미는 자신을 부르는 목소리가 누구인지 금세 알아차렸다.

"너 이번엔 준비 잘했더라. 반대 팀이었지만 나도 네 생각에 동의해."

민지가 씩 웃었다. 그 모습을 본 소미는 무겁고 답답했던 마음이 뻥 뚫리는 것 같았다.

"고마워. 네 주장도 좋았어. 수고했어! 민지야."

소미도 미소 지었다. 이번 토론을 통해 소미는 민지의 생각을 이해하게 되었고 민지에게 자기 생각을 설득하는 일에도 성공했다. 그리고 다시 민지와 가까워질 수 있었다. 이런 게 토론의 진짜 승리가 아닐까, 소미는 생각했다.

"갈까?"

민지가 손을 내밀었다.

"그래!"

소미와 민지는 서로의 손을 맞잡고 함께 걸었다.

토론의 순서와 진행

❶ 토론의 주제와 찬반 정하기

토론의 주제를 정하고 찬성과 반대를 주장할 팀을 정해요.

❷ 토론의 규칙 설명하기

토론의 규칙(주장을 말할 순서, 주장할 시간, 협의할 시간, 지켜야 할 점 등)을 설명하면 이를 잘 메모해 토론에서 실수하지 않도록 주의해요.

❸ 주장 펼치기

'입론'이라고도 하는데 처음 주장과 근거를 말하는 과정이에요. 정확한 주장과 그에 따른 근거를 제시해야 해요.
상대방의 주장을 들을 때는 그 내용을 간단히 적고, 상대방 처지가 되어 생각해 보아야 해요.

❹ 1차 협의하기

찬성 측과 반대 측이 서로 주장한 내용을 살펴보고 그에 대해 반박할 준비를 해요. 상대방의 주장과 근거를 정리해서 문제점은 없는지 살펴보고 자신들의 주장을 잘 설득하기 위한 정보나 자료를 추가해요.

❺ 반론하기

협의한 내용을 바탕으로 상대방의 주장과 근거가 부족하거나 잘못되었음을 밝히며 우리 주장이 더 나은 주장이라고 설득하는 과정이에요.

❻ 2차 협의하기

반론하기에서 상대방의 반론을 듣고 우리의 주장에서 보완할 점이 없는지 살피고 상대방의 문제점은 없는지 다시 확인해요.

❼ 주장 다지기

자기편 주장을 보완하고 요약하여 주장함으로써 상대방 주장보다 더 올바른 주장임을 설득하는 과정이에요.

❽ 평가하기

토론을 마치며 서로가 잘한 점과 부족한 점에 대해 이야기를 나눠요. 또 주제와 관련된 문제를 해결하기 위한 더 나은 방법은 없는지 생각하고 찾아 봐요.

'마음'을 담아
힘차게 말하기

연설

진심을 전하는 말하기

"삼촌! 큰일 났어!"

토론이 끝나고 며칠 뒤, 떡볶이 삼촌이 막 가게 문을 열고 장사를 시작한 토요일 아침이었다. 문이 벌컥 열리면서 나은이와 친구들이 우르르 몰려왔다.

"아이고, 정신없어. 이번엔 무슨 일이니?"

"송학천의 환경이 망가질 수 있대. 우리가 당장 막아야 해."

나은이가 삼촌에게 종이 한 장을 보여 주었다. 거기에는 큰 글씨로 '송학천의 환경을 파괴하는 인공 호수 공사는 중단되어야 합니다!'라고 쓰여 있었다. 송학천을 지키기 위한 주민 환경 모임에서 만든 전

단지였다.

"시에서 송학천에 인공 호수를 만든대. 그러면 주변에 나무도 베어 내어야 하고 하천 바닥도 뒤집어서 공사를 해야 한다잖아. 그러면 살고 있던 물고기들과 새들은 어떡해? 그리고 꽃들도! 우리가 안 막으면 송학천은 이상하게 변하고 말 거야!"

나은이가 발을 동동 굴렀다. 삼촌은 종이에 적혀 있는 내용을 찬찬히 읽어 보고는 말했다.

"음, 내용을 보니 정말 심각한 일이 생길지도 모르겠네. 삼촌도 동네 사람들에게 이 사실을 알려야겠다."

삼촌의 표정이 금세 흐려졌다.

"그렇지? 그래서 우리가 삼촌에게 부탁할 게 있어."

"부탁? 무슨 부탁?"

"다음 주 토요일, 송학천 둔치에서 집회를 연대. 거기서 삼촌이 우리 마을 사람들에게 송학천을 지켜 달라고 연설해 주면 안 돼? 삼촌은 말하기 천재잖아. 삼촌의 연설을 들으면 관심 없던 사람들도 송학천 지키기에 동참할 거야."

나은이가 애원하는 눈빛으로 삼촌을 바라보았다.

"저희도 부탁드릴게요!"

현우와 소미도 목소리를 높였다.

삼촌은 생각에 잠기더니 잠시 후 입을 열었다.

"음, 그것도 좋은 방법이겠지만 내 생각엔 너희들이 집회에서 연설하면 어떨까 싶어."

"예? 우리가요?"

소미와 현우의 눈이 커졌다.

"말도 안 돼. 우리가 어떻게 어른들 앞에서 연설을 해? 우리는 연설 같은 거 한 번도 안 해 봤어."

나은이도 고개를 절레절레 흔들었다.

"그러니까 해 보는 거지. 이참에 연설하는 방법도 배우고 말이야. 삼촌이 보기엔 너희들의 목소리로 마을 사람들 앞에서 연설하는 것이 사람들에게 더 효과적일 것 같은데?"

세 아이들은 서로의 얼굴을 쳐다보았다. 지금까지 자신들이 사람들 앞에서 연설을 할 수 있을 것이라고는 생각해 본 적이 없었다. 부모님과 함께 촛불 집회 같은 걸 나가 본 적은 있다. 하지만 연설이라니……. 그게 가능하기는 할까?

"삼촌, 우리가 할 수 있을까?"

나은이가 자신 없는 목소리로 물었다.

"당연하지. 연설은 말 잘하는 사람만 할 수 있는 게 아니야. 자신의 진심을 전달하려는 사람은 누구나 연설할 수 있어."

"그래, 그럼 우리 한번 해 보자! 너희 삼촌이 도와주면 되잖아. 삼촌, 도와주실 거죠?"

소미가 삼촌을 빤히 바라보았다. 현우도 고개를 끄덕이며 삼촌을 보았다.

"너희들이 이렇게까지 나오니 내가 설득당하지 않을 수 없겠는걸? 좋아. 내가 열심히 도와주마!"

삼촌이 고개를 끄덕였다.

"와! 됐어!"

소미와 현우가 소리 질렀다. 하지만 나은이는 아직 자신이 없었다.

"우리 반 친구들 앞에서 발표하는 것도 어려운데 많은 사람들 앞에서 우리가 정말 연설을 할 수 있을까?"

나은이의 걱정에 삼촌이 미소를 지으며 물었다.

"나은아, 우리가 말하기에 대해 처음 배우던 때를 떠올려 봐. 맨 먼저 생각해야 하는 게 뭐였지?"

"음, 내가 말하고 싶은 것이 무엇인지 생각을 정리해라!"

"와, 잊지 않고 기억하고 있었네. 그럼 나은이는 마을 사람들 앞에서 뭘 말하고 싶어?"

"음, 만약 내가 사람들 앞에 선다면 송학천의 자연이 파괴되지 않게 지켜 달라고 말하고 싶어. 그리고 우리 마을의 자랑인 송학천에 관심을 가져 달라고 이야기하고 싶고."

"와, 우리 나은이는 말하고 싶은 것도 확실하네. 그럼 뭐가 두려워? 사람들 앞에서 말하면 되잖아. 네가 정말 하고 싶은 말을 하면 돼. 그게 가장 중요해."

"하지만 우린 어린아이들이잖아. 사람들이 우리 이야기를 중요하게 생각할까? 사람들 앞에서 벌벌 떨고 한 마디도 못 하면 어떡해?"

나은이가 시무룩한 얼굴로 말했다.

"연설은 사람들 앞에 나서서 자기 생각을 알리는 말하기야. 내가 하고 싶은 말을 잘 전달하고 사람들이 공감하게 하는 게 제일 중요하지. 아주 뛰어난 말재주가 있다면 더 좋겠지만 없어도 상관없어. 떠듬떠듬 떨리는 목소리로 말해도 그 말 속에 진심이 담겨 있다면 사람들은 분명 너희 목소리에 귀를 기울일 거야.

삼촌은 전에 시청을 지나가다 장애인분들의 집회를 본 적이 있어. 우리 시에 장애인을 위한 저상 버스가 거의 없잖아. 그분들은 저상 버스를 시에 요구하고 있었어. 단상에 한 분이 올라오셔서 말씀하셨는데, 그분은 간신히 휠체어에 의지하고 몸을 잘 가눌 수 없는 분이었어. 그래서인지 발음도 부정확했지. 그런데 그분도 연설하셨어. 단상에서 힘차게 한마디 말을 외치고 내려오셨지. 그 말이 뭐냐고? 바로 '우리도 자유롭게 이동할 권리가 있다!'였어. 아주 짧은 한마디 말이었지만 집회를 보는 사람들은 장애인들을 위한 저상 버스가 얼마나 필요한지를 바로 느낄 수 있었어. 삼촌은 그때 장애인분의 연설이 지금껏 들은 연설 중에 가장 기억에 남는, 마음을 울리는 연설이라고 생각해. 말을 잘해야 사람들의 마음을 움직이는 건 아니야. 진심을 담은 몇 마디의 말로도 세상을 바꿀 수 있어.”

정말 아이들의 목소리가 사람들의 마음을 움직일 수 있을까? 여전히 나은이는 자신이 없었다. 하지만 송학천을 지키고 싶은 나은이의 마음을 마을 사람들도 함께 알아주었으면 좋겠다는 생각엔 변함이 없었다. 나은이는 삼촌을 바라보며 천천히 고개를 끄덕였다.

세상을 바꾼 연설

"나에게는 꿈이 있습니다. 언젠가는 조지아의 붉은 언덕 위에 옛 노예의 후손들과 옛 주인의 후손들이 형제애를 나누며 식탁에 함께 둘러앉는 날이 오리라는 꿈입니다."

이것은 1963년에 미국의 마틴 루서 킹 목사가 연설한 내용의 일부예요. 이 연설은 지금까지도 세상에서 가장 뛰어난 명연설로 평가받고 있어요.

1963년 8월 28일, 킹 목사는 링컨 대통령 기념관 광장에서 20만 명이 넘는 사람들 앞에 섰어요. 그의 연설에 감명받은 수많은 사람은 인종 차별에 항의하며 워싱턴 대행진을 하였고, 이 행진은 흑인 민권 운동으로 발전했어요.

킹 목사의 연설은 한 사람의 연설이 사람들의 마음을 움직이고 세상을 바꾸는 힘이 될 수 있다는 것을 알려 준 역사적인 사건이에요.

연설, 어떻게 준비할까?

"좋아. 그럼 연설을 위해 하나씩 준비를 해 보자. 내가 사람들 앞에서 주장하고 설득할 내용이 정해졌으면 먼저 연설문을 써야 해. 바로 단상에 올라가서 자기 생각을 말할 수 있는 사람들도 있겠지만, 쉬운 일은 아니지. 연설문을 쓰면 하고 싶은 말이 무엇인지 잘 정리할 수 있고 연설할 때 똑같은 말을 반복하거나 말문이 막히는 것을 막을 수 있어."

삼촌이 말을 이어 갔다.

"그리고 연설문을 쓸 땐 쉽게 쓰는 게 중요해."

그러자 현우가 손을 번쩍 들었다.

"연설문을 쉽게 쓴다는 건 무슨 뜻이에요?"

"연설은 많은 사람 앞에서 자신의 생각을 말하는 거잖아. 마을에서 너희들의 연설을 듣는 사람은 어떤 사람들일까? 아마 나이도 다 다르고 직업도 다 다를 거야. 모두가 너희들의 연설에 귀 기울일 수 있도록 하려면 어떻게 말해야 할까? 당연히 어려운 단어나 복잡한 설명 대신 다수가 이해할 수 있는 쉬운 단어와 간단한 설명이 필요하겠지. 그래서 연설할 때는 연설을 듣는 청중이 누구인지 먼저 생각해 보는 게 중요해. 전문가들 앞에서 연설하는 게 아니라면 일반적으로 연설문은 모두가 알기 쉬운 단어를 쓰는 것이 더 효과적이야. 만약에 '물을 아끼자!'라는 주제의 연설을 한다고 해 보자. 너희가 어려운 환경 용어를 쓰거나 과학적 사실을 이야기하는 것도 좋을 수 있겠지만 생활 속에서 물의 소중함을 느낄 수 있는 구체적이고 쉬운 예를 들어 말하는 것이 듣는 사람들의 입장에서는 더 많이 공감하지 않을까? 그러니까 너희들이 송학천을 살리기 위한 연설을 할 때도 어려운 말을 하는 것보다는 너희들이 경험 속에서 느낀 것들을 말하는 게 더 좋아. 연설문은 쉽고 간결하게 쓴다. 그리고 혹시 어려운 표현이 있다면 쉬운 걸로 바꿔서 설명한다. 잊지 마!"

삼촌의 설명에 아이들이 모두 고개를 끄덕였다.

"연설문을 다 쓴 다음에는 목소리의 크기, 말을 하고 쉬는 간격 등을 표시해 놓는 게 좋아. 연설할 때 특히 중요하다고 생각해서 강조할 부분은 좀 더 크게 말해야겠지. 사람들에게 생각할 여유를 주기 위해서는 천천히 또박또박 말해야 할 부분도 있을 테고 말이야. 또 문장과 문장 사이에 쉴 부분 등을 표시해 놓는 것도 잊지 마. 이렇게 표시해 두면 실제 연설을 할 때도 도움이 돼."

"아, 생각났다! 발표문을 쓸 때로 이렇게 표시한 게 도움이 되었어."

나은이가 학교에서 발표하던 날을 떠올리며 말했다. 그때 현우가 질문했다.

"그런데 텔레비전에서 연설하는 사람들을 보면 손을 뻗거나 주먹을 휘두르거나 하잖아요. 그건 꼭 해야 하나요?"

"아, 제스처를 말하는 거구나? 말을 할 때, 더 효과적으로 전달하기 위해 추가하는 몸짓을 제스처라고 하는데 세 가지를 잘 지키면서 제스처를 하면 연설의 효과를 좀 더 높일 수 있어."

"그게 뭔데요?"

소미가 물었다.

"첫째, 제스처는 연설자의 감정에 따라 적절하게 해야 해. 조용하고 차분한 내용을 말하는데 제스처가 힘차거나 과격하면 안 되겠지? 그런데 너희가 강한 감정을 전달하거나 중요한 주장을 할 때는

제스처를 사용하는 게 좋아. 연설은 너희들의 생각과 감정을 전달하는 말하기니까. 무조건 제스처를 사용하는 것이 아니라 너희들이 말하는 상황과 감정에 따라 적절하게 써야 한다는 거지.

둘째, 제스처를 쓰려면 분명하고 크게 해야 해. 연설하면서 손을 앞으로 뻗는다거나 손가락으로 가리키는 동작들이 필요할 때가 있는데, 이때 제스처를 크고 분명하게 하지 않으면 청중들이 그 의미를 잘 모를 수가 있어. 정확하지 않은 애매한 제스처는 사람들에게 자신감이 없는 것처럼 보여서 어색한 인상을 줄 수 있어. 그런 제스처는 오히려 안 하느니만 못 하겠지?

셋째, 연설 내용에 맞추어서 제스처의 속도도 맞춰야 해. 제스처는 말을 하면서 부드럽게 연결해야 어색하지 않고 자연스럽게 보이거든. 보통 차분하게 이야기할 때 사용하는 제스처는 말의 시작과 함께 하면 좋아. 예를 들어 '첫째', '둘째'처럼 한 가지씩 이야기할 때 손가락으로 수를 표시하는 경우 같은 거지. 이와 반대로 외치거나 강하게 주장하는 말과 함께 하는 제스처는 말의 마지막에 사용하는 게 좋아. 물론 제스처가 자연스럽게 나오려면 여러 번 연습하는 게 좋겠지?"

"후유, 역시 말하기는 연습을 꼭 해야 하는구나! 그런데 연설문은 모두 외워야 해?"

나은이가 한숨을 쉰 뒤 물었다.

"연설은 청중을 바라보며 말을 할 때 가장 효과가 좋아. 사람들에게 내 생각을 전달해야 하니까 말이야. 그래서 연설문을 완벽하게 외우면 더 좋겠지만 반드시 외워야 하는 건 아니야. 무조건 외우려다 보면 오히려 외운 것을 기억해 내느라 연설 도중에 말이 끊어지는 사고가 생길 수 있고, 연설을 그냥 외우는 것 같은 느낌이 들 수도 있어. 연설은 진심을 전하는 말하기이기 때문에 달달 외우는 것보다 마음을 어떻게 잘 전달할까를 생각하는 게 더 나아.

연설문을 외우지 않아도 전체적인 내용을 알고 있으면 연설문을 보면서 연설을 해도 상관없어. 그렇다고 시선을 너무 연설문에만 두고 있으면 사람들이 너희의 이야기에 집중하지 못할 거야. 사람들을 보면서 연설하다 슬쩍슬쩍 연설문을 보는 방식이 가장 효과적인 방식일 거야."

"연설할 때도 발표할 때와 마찬가지로 사람들과 시선을 맞추며 말해야 하는 거구나."

나은이가 고개를 끄덕이며 말했다.

"모든 말하기는 사람들을 바라보며 말하는 것이 가장 기본이야. 내 생각을 설명하고 설득하고 감동을 주기 위해서는 눈을 마주쳐야 하거든. 눈은 마음의 창이란 말도 있잖아."

"알겠어. 삼촌 덕분에 조금 용기가 생겼어. 삼촌도 우리가 무대에 올라가면 응원해 줘야 해."

"당연하지! 삼촌도 송학천을 지키는 일에 함께할 거야."

연설의 제스처에는 어떤 것이 있을까?

★ 편안하고 자연스러운 자세가 가장 중요!

너무 뻣뻣한 차렷 자세보다는 양쪽 다리를 어깨 너비로 벌리고 편안하게 서서 어깨에 힘을 빼고 고개는 살짝 숙이는 정도의 자세가 좋아요. 정해진 자세는 따로 없지만 경직된 모습보다는 자연스럽고 편안한 모습이 청중에게 신뢰감을 줘요.
시선은 천천히 사람들의 눈을 맞추며 위아래 또는 좌우로 이동하면 더욱 좋아요.

★ 손가락 사용은 신중하게!

예를 들어 강조해서 말하고 싶은 세 가지가 있다면 첫째, 둘째, 셋째의 순서로 이야기할 때마다 손가락으로 표시해 주는 것도 좋아요. 매우 중요한 부분을 가리킬 때도 손가락을 사용하면 강조의 의미를 전달할 수 있어요.

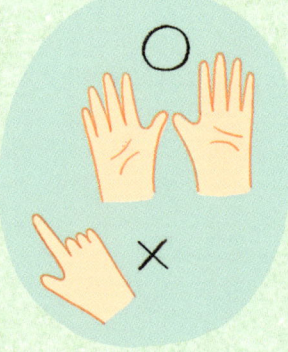

하지만 청중을 손가락으로 가리키는 것은 피해야 해요. 만약 연설자와 청중을 손으로 나타내고 싶다면 가슴에 손바닥을 대서 자신을 가리키고, 손바닥을 펴 보이며 청중을 가리키는 것이 좋아요. 손바닥을 청중에게 보이면 신뢰감을 줄 수 있어요.

★ 발을 구르고 탁자를 내리치는 행동은 안 돼요

강조하기 위해 발을 구르고 탁자를 치는 제스처는 청중에게 거리감을 느끼게 할 수 있어요. 주장을 강조하고 싶다면 강조하는 말과 함께 팔을 45도 방향으로 힘차게 뻗어서 표현하는 게 더 효과적이에요.

💬 **맺는 이야기**

말하기, 좋은 사람이 되어 가는 과정

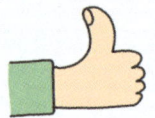

"조금만 있으면 우리 차례야!"

"아! 나 지금 심장이 터질 것 같아! 지금이라도 못 한다고 할까?"

"말도 안 돼. 연습한 대로 우리가 하려고 했던 이야기를 잘 말하고 내려오는 거야."

연설의 차례를 기다리는 세 아이는 모두 긴장해서 손을 꼭 잡고 있었다. 지난 일주일 동안 아이들에겐 많은 일이 있었다. 나은이는 컴퓨터 발표 프로그램을 이용해서 '송학천 지키기' 집회를 알리는 자료를 만들었다. 그리고 반 아이들 앞에서 설명하였다. 삼촌이 알려 준 <u>발표하는 말하기 방법</u>을 사용한 덕분에 다들 송학천의 문제를 알게 되었고 모두 집회에 참석하기로 했다. 그런데 문제가 생겼다.

"선생님은 반대야. 너희들만 집회에 참석하면 문제가 생길 게 분명해. 송학천을 지키고 싶은 마음은 선생님도 이해하고 같은 마음이지만 집회에 참석하는 일은 쉽게 결정하면 안 돼."

담임 선생님의 강력한 반대에 부딪힌 것이다. 이때 소미가 나섰다. 평소 같았다면 소미는 선생님의 말에 발끈해서 항의를 했을 테지만 올바른 토론 방법을 알게 된 소미는 달라져 있었다.

"선생님의 걱정은 저희도 잘 알고 있어요. 그래서 부모님들 중에서 함께 가 주실 분들도 찾고 있어요. 다행히 저희 엄마와 나은이 삼촌도 함께해 주신다고 했어요."

소미는 차근차근 담임 선생님을 설득했고 선생님도 결국 아이들의 집회 참여를 허락하셨다. 반 아이들이 송학천을 지키는 집회에서 어떤 일을 할지는 학급 회의에서 결정하였다. 현우는 미리 집회에서 사용할 수 있는 물건에 대한 정보를 알려 주었고 반 아이들은 작은 손 팻말을 만들어서 집회에 참여하기로 했다.

"어떡해! 지금 연설이 끝나면 우리야!"

단상 옆에서 준비하고 있던 나은이와 소미 그리고 현우는 더욱 긴장해서 바짝 얼었다. 그때 소미의 눈에 누군가의 모습이 보였다.

"어? 저기 봐! 우리 담임 선생님도 오셨어!"

소미 말대로 담임 선생님은 반 아이들이 있는 곳에 함께 계셨다. 한 손에는 '송학천 개발을 막아 주세요!'라고 적힌 작은 손 팻말이 들려 있었다.

"우리 잘할 수 있겠지?"

소미가 사람들을 보며 말했다. 나은이가 소미의 어깨를 토닥였다.

"그럼, 당연하지. 우리의 진심을 전하는 거야."

"자, 그럼 가자!"

현우의 말에 세 아이는 손을 꼭 잡고 단상에 올랐다.

"안녕하세요? 저희는 송학 초등학교 5학년 학생들입니다!"

세 아이가 꾸벅 인사를 했다. 힘찬 박수 소리가 끝나자 나은이가 입을 열었다.

"여러분, 잠시 눈을 감아 주세요."

집회에 참여했던 모든 사람이 눈을 감았다. 한동안 침묵이 흘렀다. 이어서 소미가 말했다.

"여러분이 눈을 감았을 때 무슨 소리가 들렸나요?"

이번엔 현우가 가만히 이야기를 시작했다.

"풀벌레 울음소리, 버드나무 가지를 흔드는 바람 소리, 꽥꽥 오리들의 재미난 소리, 바위를 감고 흘러가는 물소리······."

"이 모든 소리가 사라진 곳이 정말 아름다운 곳일까요? 공사장의 불도저 소리, 나무를 베는 기계톱 소리만 가득해도 될까요? 우리 마을의 자랑 송학천이 아름답다고 할 수 있을까요?"

나은이가 떨리는 목소리로 말했다. 더듬거리고 긴장한 목소리였지만 집회에 참석한 사람들은 모두 나은이의 목소리에 귀를 기울이고 있었다.

"저희가 원하는 건 하나입니다. 송학천을 지켜 주세요!"

"송학천과 함께 살아가는 모든 생명을 지켜 주세요!"

세 아이의 연설이 모두 끝났다. 박수가 쏟아졌다. 나은이는 사람들의 모습을 하나하나 바라보았다. 모두 따뜻한 얼굴로 세 아이의 마음을 응원해 주었다. 그중에 떡볶이 삼촌의 모습도 보였다. 삼촌은 조용히 미소를 지으며 고개를 끄덕여 주었다.

'말을 잘하지 않아도 괜찮아. 사람들에게 하고 싶은 말을 하려고 노력하는 게 중요한 거야!'

삼촌은 나은이에게 이렇게 말해 주는 것 같았다.

"고마워, 삼촌!"

나은이와 친구들은 더 이상 말하기가 두렵지 않았다. 내 생각을 전하기 위해 노력하는 동안 말재주보다 진심이 더 중요하다는 것을, **말하기는 말을 잘하기 위해서가 아니라, 더 좋은 세상을 만들고 좋은 사람이 되어 가는 과정**이라는 것을 알았기 때문이다.

초판 1쇄 발행 2024년 6월 30일

지은이 이기규 | **그린이** 임미란
펴낸이 윤상열 | **기획편집** 최은영 김민정 | **디자인** 김규림 | **마케팅** 윤선미 | **경영관리** 김미홍
펴낸곳 도서출판 그린북 | **출판등록** 1995년 1월 4일(제10-1086호)
주소 서울시 마포구 방울내로11길 23 두영빌딩 302호
전화 02)323-8030~1 | **팩스** 02)323-8797 | **이메일** gbook01@naver.com | **블로그** greenbook.kr

ISBN 978-89-5588-476-0 73190

ⓒ 이기규, 임미란 2024
이 책의 전부 또는 일부를 이용하려면 저작권자와 그린북의 서면 동의를 받아야 합니다.

어린이제품안전특별법에 의한 표시
품명 어린이 도서 **제조국** 대한민국 **사용연령** 8세 이상 **주의사항** 책 모서리에 다치지 않도록 주의하세요.